Student Activities Manual

to Accompany

Intrigue

*Langue, culture et mystère
dans le monde francophone*

Second Edition

Elizabeth Blood
Salem State College

Yasmina Mobarek
The Johns Hopkins University

PEARSON
Prentice
Hall

worLd
Languages

Upper Saddle River, NJ 07458

Publisher: Phil Miller
Acquisitions Editor: Rachel McCoy
Publishing Coordinator: Claudia Fernandes
Executive Director of Market Development: Kristine Suárez
Director of Editorial Development: Julia Caballero
Production Supervision: Nancy Stevenson
Project Manager: Assunta Petrone, Preparé
Assistant Director of Production: Mary Rottino
Supplements Editor: Meriel Martínez Moctezuma

Media Editor: Samantha Alducin
Media Production Manager: Roberto Fernandez
Prepress and Manufacturing Buyer: Christina Amato
Prepress and Manufacturing Manager: Nick Sklitsis
Interior Design: Emilcomp/Preparé
Senior Marketing Manager: Jacquelyn Zautner
Marketing Coordinator: William J. Bliss
Publisher: Phil Miller
Cover image: AP Wide World

This book was set in 11/14 Palatino typeface by Emilcomp/Preparé and was printed and bound by Bradford & Bigelow. The cover was printed by Bradford & Bigelow.

© 2007, 2004 by Pearson Education, Inc.
Upper Saddle River, NJ 07458

Printed in the United States of America
10 9 8 7 6 5 4 3 2 1

ISBN 0-13-173560-8

Pearson Education LTD., *London*
Pearson Education Australia PTY, Limited, *Sydney*
Pearson Education Singapore, Pte. Ltd
Pearson Education North Asia Ltd., *Hong Kong*
Pearson Education Canada, Ltd., *Toronto*
Pearson Educación de México, S.A. de C.V.
Pearson Education—Japan, *Tokyo*
Pearson Education Malaysia, Pte. Ltd
Pearson Education, *Upper Saddle River*, New Jersey

Table des matières

Un séjour en Louisiane

POUR RÉVISER

Activités orales

Activités écrites

Activités audiovisuelles

■ Activités orales

1.1 Comment dire : les rencontres (salutations et présentations)

Vous êtes à la Nouvelle-Orléans, rue Bourbon, où vous rencontrez Claire Plouffe pour la première fois. Elle a l'air un peu perdue. Écoutez ce qu'elle vous dit et choisissez une réponse polie et logique. Prononcez votre réponse à haute voix et puis répétez la bonne réponse (avec enthousiasme et en faisant attention à votre prononciation) après le narrateur.

MODÈLE :   Claire : « Bonjour. »
   Vous dites : « Bonjour, madame. »
   Vous entendez : « Bonjour, madame. »
   Vous répétez : « Bonjour, madame. »

1. a. Bonsoir.   b. Ça va, merci.
   c. Quelle surprise !   d. Bonjour, madame.

2. a. Ça va. Et toi ?   b. Ils vont bien.
   c. Très bien, merci. Et vous ?   d. Pas mal. Et toi ?

3. a. Quoi de neuf ?   b. Je pense qu'il va pleuvoir.
   c. On se tutoie ?   d. Excusez-moi.

4. a. Salut, Claire.   b. Tu vas bien ?
   c. On s'est déjà rencontré.   d. Je m'appelle. . . *(votre nom)*

5. a. Qu'est-ce qui se passe ?   b. Quelle chaleur !
   c. Pas mal. Et toi ?   d. Je suis de. . . *(votre ville)*

6. a. Eh. . . je ne sais pas.   b. Je n'ai pas d'argent.
   c. Permettez-moi de me présenter.   d. À la prochaine !

7. a. C'est un plaisir de vous rencontrer.   b. Salut, Philippe.
   c. On se connaît, non ?   d. Ciao !

8. a. Au revoir, madame.   b. Salut !
   c. À ce soir.   d. Enchanté(e) !

1.2 Comment dire : les rencontres (suite)

Quelques jours plus tard, vous revoyez Claire Plouffe dans un club de jazz du Vieux Carré. Écoutez ce qu'elle vous dit et choisissez une réponse polie et logique. Prononcez votre réponse à haute voix et puis répétez la bonne réponse (avec enthousiasme et en faisant attention à votre prononciation) après le narrateur.

MODÈLE : Claire : « Excusez-moi. Avez-vous l'heure ? »
Vous dites : « Il est neuf heures du soir. »
Vous entendez : « Il est neuf heures du soir. »
Vous répétez : « Il est neuf heures du soir. »

1. a. Il est neuf heures du soir.   b. Je ne veux pas savoir l'heure !
   c. Quelquefois.   d. Moi aussi !

2. a. Toi, encore !   b. Merci beaucoup.
   c. À la prochaine.   d. Quelle coïncidence !

3. a. Peut-être.   b. Oui, on s'est déjà rencontré.
   c. On se tutoie ?   d. Non, vous vous trompez.

4. a. Au revoir à vous aussi.   b. Ça me fait plaisir de vous revoir aussi.
   c. Je déteste le jazz.   d. Tu as une bonne mémoire.

5. a. Non, très rarement.   b. Oui, je suis étudiant.
   c. C'est bizarre, non ?   d. Quelle surprise !

6. a. De temps en temps.   b. C'est pas possible !
   c. Vraiment ? Moi aussi !   d. Que faites-vous ici ?

7. a. Non, jamais !   b. Non ! Mais, moi aussi, j'aime Zachary Richard.
   c. Oui, toujours !   d. Tiens ! C'est vous !

8. a. En effet !   b. Quelle coiffure intéressante !
   c. Normalement.   d. Enchanté(e) !

1.3 Comment dire : écrire une lettre (dictée)

Voici un paragraphe d'une lettre que Henri Hébert, homme d'affaires louisianais, écrit à un ami. Vous allez entendre ce texte trois fois. La première fois, écoutez attentivement. La deuxième fois, le paragraphe sera lu plus lentement. En écoutant, écrivez chaque phrase exactement comme vous l'entendez. La troisième fois, écoutez encore en relisant ce que vous avez écrit pour vérifier votre transcription.

_____

_____

_____

_____

_____

_____

_____

_____

_____

_____

_____

_____

_____

_____

_____

_____

_____

_____

_____

_____

■ Activités écrites

1.4 Vocabulaire : les voyages

Philippe Aucoin trouve un bout de papier par terre dans la cour de l'hôtel. Il le lit. C'est un résumé du premier jour de Claire à la Nouvelle-Orléans. Choisissez le meilleur mot de **vocabulaire** *ou la meilleure* **expression** *pour remplir les blancs.*

1. 1h30 : Elle quitte le Québec sur Air Canada, _____ 322.
   a. taxi   b. vol   c. voyage   d. avion

2. 14h00 : L'avion arrive à l'_____ de la Nouvelle-Orléans.
   a. hôtelier   b. aéroport   c. entrée   d. État

3. 14h15 : Elle cherche ses bagages — une _____ et un sac à dos.
   a. bagage   b. sac à main   c. portefeuille   d. valise

4. 14h20 : Elle prend _____ pour aller en ville.
   a. un taxi   b. un avion   c. un voyage   d. un guide

5. 14h55 : Elle arrive à l'hôtel et demande sa clé à _____.
   a. l'escalier   b. l'ascenseur   c. la réception   d. la cour

6. 15h05 : Elle paie avec _____.
   a. son portefeuille   b. le fer forgé
   c. sa carte de crédit   d. le temps

7. 15h20 : Elle monte _____.
   a. la chambre   b. la cour   c. l'escalier   d. les espèces

8. 17h15 : Elle _____ dans le Vieux Carré.
   a. se lève   b. s'appelle   c. se présente   d. se promène

9. 17h45 : Elle achète un sandwich dans un _____.
   a. balcon   b. foyer   c. restaurant   d. costume

10. 18h15 : Elle _____ la cathédrale Saint Louis à Jackson Square.
    a. reste   b. visite   c. réserve   d. sourit

11. 19h00 : Elle prend un verre de champagne dans _____ de l'hôtel.
    a. l'ascenseur   b. l'escalier   c. la réception   d. la cour

12. 20h00 : Elle retourne à sa chambre et s'assied dehors (*outside*) sur _____.
    a. l'ascenseur   b. le balcon
    c. la salle d'exercices   d. la chaleur

1.5 Structures : les articles définis et indéfinis

*Philippe Aucoin veut retourner le papier à son propriétaire. Il monte à la chambre de Claire et frappe à la porte. Remplissez les blancs avec un **article défini** ou **indéfini** ou **de**.*

« —Bonsoir, madame. Excusez-moi de vous déranger, mais j'ai trouvé _____

papier qui est à vous, je crois. J'étais en train de nettoyer _____ cour

après _____ heure du champagne, et _____ papier

était par terre.

—Mais, vous vous trompez. Je n'avais pas _____ papier avec moi.

Est-ce que je peux regarder _____ papier que vous avez trouvé ?

—Bien sûr.

—Tiens ! C'est _____ liste (*f.*)... mais ce n'est pas vrai ! Il s'agit de moi ?

—Oui, Madame... et ce n'est pas à vous ?

—Non, et c'est très suspect. Il y avait beaucoup _____ clients dans

_____ cour ce soir ?

—Non, pas vraiment... il y avait vous-même, _____ homme

d'affaires de Lafayette, _____ femme de New York, _____

touristes allemands, et Monsieur Royer. C'est tout.

—C'est bien bizarre. Il n'y avait personne d'autre ?

—Seulement _____ femme de ménage et... oui, il y avait _____

autre personne (*f.*) que je ne connaissais pas. Je croyais que c'était _____

ami de la femme de New York, mais...

—Mais, c'est bizarre, non ? Il y a quelqu'un qui me suit ?

—C'est peut-être _____ admirateur ? J'adore _____

histoires d'amour. Et, après toutes ces années comme hôtelier dans cette ville, je peux

vous raconter _____ histoires ! Surtout _____ belles

histoires !

—_____ histoire d'amour ? J'en doute. Je pense qu' _____

autre personne veut trouver _____ manuscrit de Laclos avant moi... ! »

1.6 Structures : la négation

Quelques jours plus tard, Claire se trouve à l'heure du champagne avec Henri Hébert, l'homme d'affaires de Lafayette. Au moment où Henri commence à lui parler, son téléphone portable sonne. C'est un collègue qui téléphone du bureau à Lafayette où tous les employés attendent un client important. Claire écoute une partie de la conversation et imagine les réponses de l'interlocuteur. Mettez les réponses à la forme **négative** *et variez vos expressions.*

HENRI : Le client est *déjà* au bureau ?

RÉPONSE : Non, il _____.

HENRI : Ah, bon. Alors, il est *toujours* chez lui ?

RÉPONSE : Non, il _____.

HENRI : Il est probablement en route. Est-ce que ce client est *toujours* en retard ?

RÉPONSE : Non, il _____.

HENRI : Donc, *tout le monde* attend son arrivée ?

RÉPONSE : Non, _____.

HENRI : Vraiment ? Ils ont *beaucoup de choses* à faire ailleurs (*elsewhere*) ?

RÉPONSE : Non, ils _____.

HENRI : Vraiment ! Mais. . . Il y a *deux autres* employés avec toi ?

RÉPONSE : Non, il _____.

HENRI : Mais, au moins, vous êtes là. Vous avez *les documents* et *les affiches* ?

RÉPONSE : Non, je _____.

HENRI : Écoutez, il faut que vous trouviez les documents et les affiches et que vous atten-
diez l'arrivée du client. Je parlerai aux autres jeudi quand je serai de retour à
Lafayette !

1.7 Structures : l'interrogatif

Lorsque Monsieur Hébert parle à son collègue, Jean-Louis entre dans la cour. Claire a finalement des questions pour Jean-Louis. Transformez les phrases suivantes en **questions**, *en employant la technique indiquée. Ensuite, imaginez les réponses de Jean-Louis.*

1. Tu t'habilles souvent en costume. (inversion) _____

_____

2. Tu travailles dans un bar. (n'est-ce pas ?) _____

_____

3. On porte un costume quand on travaille dans un bar. (est-ce que) _____

_____

4. Tu me dis la vérité. (intonation) _____

_____

5. Tu n'aimes pas les romans policiers. (inversion) _____

_____

6. La littérature française ne t'intéresse pas. (intonation) _____

_____

7. Les Français sont tous si malins (*cunning*). (est-ce que) _____

_____

8. Tu me suis partout où je vais. (inversion) _____

_____

9. Tu ne veux pas le manuscrit de Laclos. (inversion) _____

_____

1.8 Structures : l'infinitif et le présent

(a) *Claire s'excuse pour aller aux toilettes. Elle est un peu embarrassée d'avoir accusé Jean-Louis d'avoir menti* (to have lied). *Pendant son absence, Jean-Louis parle avec une femme de New York. Dans les phrases suivantes, utilisez l'***infinitif*** ou conjuguez le verbe entre parenthèses au* **présent** *si nécessaire.*

1. Que (penser) _____-vous de la Nouvelle-Orléans ?

2. Aimez-vous (manger) _____ des plats épicés ?

3. Il (faire) _____ très chaud, n'est-ce pas ?

4. Il faut (aller) _____ au restaurant Lafitte.

5. Je (pouvoir) _____ vous (montrer) _____ où il est.

6. (Détester)_____-vous (danser) _____ ?

7. Je voudrais vous (emmener) _____ à un fais do-do.

8. (Rester) _____ dans un hôtel de luxe (coûter) _____ trop cher.

9. J'(adorer) _____ (dormir) _____ tard.

10. Nous nous (lever) _____ à 9h du matin.

(b) *Le même soir, Claire revoit Henri Hébert dans la grande salle. Il s'excuse d'avoir quitté l'heure du champagne quand son collègue a téléphoné, et il commence à parler de sa vie et de son travail. Conjuguez les verbes entre parenthèses au* **présent**.

Moi, j'(habiter) _____ la ville de Lafayette, et je (travailler) _____ dans les affaires. Tous les jours, ma femme et moi, nous (prendre) _____ le petit déjeuner ensemble et nous (regarder) _____ les actualités à la télé. J'(arriver) _____ au bureau vers 8h, mais mes collègues (arriver) _____ plutôt vers 9h. Nous (vendre) _____ des produits alimentaires cajuns aux restaurateurs partout dans le monde. Pendant la journée, je (parler) _____ au téléphone, j'(envoyer) _____ des fax, et mes collègues et moi, nous (se réunir) _____ pour discuter de notre stratégie de marketing. Nous (manger) _____ vers 1h et puis nous (recommencer) _____ le travail vers 2h. Mes collègues (finir) _____ leur travail vers 5h du soir, mais moi, je (continuer) _____ jusqu'à 6h ou 7h. Notre compagnie (réussir) _____ à fournir beaucoup de restaurants du monde avec des produits acadiens authentiques. Ils (acheter) _____ de bons produits, et nous (offrir) _____ une qualité exceptionnelle. J'(espérer) _____ continuer à travailler longtemps. J'(adorer) _____ mon travail !

(c) *Henri continue à décrire sa vie quotidienne. Conjuguez les verbes entre parenthèses au* **présent**.

Je (s'entendre) _____ bien avec mes collègues, mais je (préférer) _____ passer le temps avec ma femme. Elle (s'appeler) _____ Carole et elle (enseigner) _____ dans une école primaire bilingue à Lafayette. Normalement, elle (se rendre) _____ à mon bureau vers 6h ou 7h du soir, et nous (se promener) _____ ensemble jusqu'à la maison. Pendant nos promenades, nous (se parler) _____ et nous (se détendre) _____. Le soir, nous (préparer) _____ le dîner ensemble et nous (écouter) _____ de la musique. D'habitude, je (se coucher) _____ vers 11h, mais avant ça, je (se laver) _____, je (se brosser) _____ les dents, et je (se reposer) _____ avec un verre de lait chaud. C'est vraiment une vie tranquille.

(d) *Claire retourne à sa chambre et découvre un courrier de sa sœur. Marie répond toujours aux courriers de sa sœur. Choisissez un des verbes donnés et conjuguez ce verbe au* **présent** *pour remplir les blancs. Chaque verbe ne peut être utilisé qu'une seule fois.*

se reposer, finir, se rappeler, nager, jouer, se lever, préférer, descendre

Chère Claire,

Salut de Saint Félix de Valois ! Tout va bien ici à la campagne. Papa _____ à 5h du matin, comme d'habitude, mais maman et moi, nous _____.

dormir plus tard. Après le petit déjeuner, nous _____ la colline (hill)
pour aller au lac. Nous _____ dans l'eau et nous _____
sur la petite plage toute la journée. Est-ce que tu _____ le jour où nous
avons construit notre fort ? Eh bien, il est toujours intact. Les enfants des voisins
_____ dans ce fort souvent. Quelle différence entre la campagne québécoise et la Nouvelle-Orléans ! Amuse-toi dans les marécages, mais fais attention à ce
type (guy), Jean-Louis. Tu fais toujours trop confiance aux inconnus. Tu es très intelligente, mais parfois un peu bête aussi. À propos, félicitations pour la bourse ! Si tu
_____ ton travail de recherche cette semaine, est-ce que tu reviendras
ici pour la fin des vacances ? Tu nous manques beaucoup !

Bisous, Marie

1.9 Vous rappelez-vous ? les verbes irréguliers au présent

*Le matin, au petit déjeuner, Jean-Louis pose encore des questions à Claire à propos de son projet de
recherche. Choisissez parmi les verbes suivants et remplissez les blancs en conjuguant le verbe au
présent. Vous allez utiliser quelques verbes plus d'une fois.*

être, avoir, aller, faire, vouloir, pouvoir

JEAN-LOUIS : Alors, si tu trouves le manuscrit, est-ce que tu _____ essayer de
l'acheter ?

CLAIRE : Si possible, mais je ne _____ pas garder le manuscrit pour moi. Je
_____ l'étudier et puis en faire don (donate it) à la bibliothèque
municipale de la Nouvelle-Orléans.

JEAN-LOUIS : Vraiment ? Tu _____ généreuse ! Alors, tu ne _____ pas vendre
le manuscrit à un collecteur de livres anciens et gagner beaucoup d'argent ?

CLAIRE : Non ! Moi, j'_____ des principes. Je ne _____ pas
profiter d'un livre qui ne m'appartient pas.

JEAN-LOUIS : Tu _____ raison. Les gens, en général, sont trop préoccupés par
l'argent aujourd'hui.

CLAIRE : Je sais. . . c'_____ pour cette raison que je _____ des
études littéraires au lieu de travailler dans les affaires. Je _____
idéaliste. Je _____ passer ma vie à discuter des idées, non pas
devenir riche.

JEAN-LOUIS : Je comprends. . . mais on ne _____ pas vivre sans argent, et les hommes
d'affaires ne _____ pas tous avares (greedy) et corrompus !

CLAIRE : Qu'en sais-tu ?

JEAN-LOUIS : Rien. . . enfin. . . c'est-à-dire qu'il y a beaucoup d'hommes d'affaires qui fréquen-
tent le bar où je travaille et ils sont généralement sympathiques.

1.10 Culture : quiz culturel

Que savez-vous déjà ? Répondez aux questions ou complétez les phrases suivantes.

1. Les « Cajuns » sont...
   a. les descendants d'immigrés parisiens
   b. les descendants d'immigrés acadiens
   c. des gens qui habitent la Nouvelle-Orléans
   d. des gens qui habitent la Nouvelle-Écosse

2. Dans les marécages, on trouve...
   a. des alligators   b. des bars
   c. des bouquins   d. des paroisses

3. Si on va à un « fais do-do », qu'est-ce qu'on ne peut pas faire ?
   a. dormir   b. danser
   c. regarder la télé   d. écouter du zydeco

4. Dans l'Hôtel Le Moyne, qu'est-ce qu'on ne peut pas trouver ?
   a. une piscine   b. une chambre climatisée
   c. un ascenseur   d. des balcons

5. Dans la chambre de Claire, qu'est-ce qu'on ne peut pas trouver ?
   a. un sac à dos   b. un ordinateur
   c. un roman de science-fiction   d. un permis de conduire

6. Zachary Richard est un chanteur de quel type de musique ?
   a. musique cajun et créole   b. musique populaire française
   c. jazz   d. musique classique

7. Le Vieux Carré est...
   a. le quartier cajun   b. l'ancien quartier français
   c. le quartier du marché   d. le quartier des étudiants de l'université
                                           de Tulane

8. On trouve du fer forgé où ?
   a. dans les bars de la rue Bourbon   b. aux balcons du Vieux Carré
   c. dans les salles climatisées   d. à la bibliothèque municipale

9. Les Français ont fondé la ville de la Nouvelle-Orléans en quelle année ?
   a. 1803   b. 1789   c. 1755   d. 1718

10. Laclos est l'auteur de quel type de roman ?

    a. un roman d'épouvante (*horror*)   b. un roman policier

    c. un roman de science-fiction   d. un roman épistolaire

11. La culture en Louisiane du sud a été influencée par les Français, mais aussi par. . .

    a. les Espagnols   b. les Africains

    c. les Acadiens   d. toutes ces cultures

12. Normalement, quand les gens francophones se rencontrent pour la première fois, ils. . .

    a. se tutoient   b. se vouvoient

    c. s'excusent   d. s'ennuient

13. À l'heure du petit-déjeuner dans un restaurant créole, on prend souvent. . .

    a. des beignets   b. de la mousse au chocolat

    c. du champagne   d. des po'boys aux huîtres frites

14. Au Québec, au lieu de dire « une voiture », on dit. . .

    a. un bus   b. un char

    c. un camion   d. un taxi

15. La Louisiane a été nommée en l'honneur de. . .

    a. Louis XVI, l'époux de Marie Antoinette   b. Louis XIV, le roi soleil

    c. Lewis et Clark   d. Saint Louis, Missouri

1.11 Culture : comparaisons

Imaginez une journée typique dans la vie d'un hôtelier, comme Philippe Aucoin, qui habite le Vieux Carré à la Nouvelle-Orléans. Ensuite, écrivez quelques phrases pour comparer votre vie quotidienne à la vie de cette personne. Quelles sont les plus grandes différences ? Quelles sont les similarités ?

1.12 Littérature : suite

Les Liaisons dangereuses de Choderlos de Laclos

Imaginez une conversation entre Valmont et Tourvel pendant qu'ils jouent aux cartes chez la vieille tante. Évidemment, Valmont fait semblant d'être dévot et parle de ses activités quotidiennes pieuses. Tourvel ne croit pas à son jeu, et elle lui pose beaucoup de questions sur sa vie à Paris. Écrivez un petit dialogue entre les deux personnages.

■ Activités audiovisuelles

1.13 Avant de regarder : que savez-vous déjà ?

(a) *Que savez-vous déjà de la Louisiane ? Avant de regarder la vidéo, répondez aux questions suivantes.*

1. Où se trouve la Louisiane ?

   _____

2. Quelle est la capitale de la Louisiane ? (Attention ! Ce n'est pas la Nouvelle-Orléans !)

   _____

3. Quelles sont les langues officielles de la Louisiane ?

   _____

4. Quel temps fait-il en Louisiane en été ?

   _____

5. Qu'est-ce que c'est que le Mardi Gras ? En quelle saison a lieu le Mardi Gras ?

   _____

6. Qu'est-ce que les touristes peuvent faire à la Nouvelle-Orléans ?

   _____

7. Quels types de musique viennent de la Louisiane ?

   _____

8. Quels groupes ethniques ou culturels ont influencé la culture louisianaise ?

   _____

(b) *Connaissez-vous les mots suivants ? Lisez les paragraphes suivants et essayez de comprendre le sens des mots en caractères gras (que vous allez entendre dans l'interview). Ensuite, terminez les phrases logiquement.*

1. Pour la majorité des Français, le français est leur **langue maternelle**. Pour les Viêtnamiens, le vietnamien est leur **langue maternelle**. C'est leur première langue. Et pour moi, ma **langue maternelle**, c'est _____. Ma **deuxième langue**, c'est _____.

2. Aux États-Unis, on peut faire des études supérieures après le « bachelor's degree » (à peu près l'équivalent d'une licence en France) : une **maîtrise** et puis un **doctorat**. Un professeur d'histoire a, probablement, une **maîtrise** en _____

et un **doctorat** en _____ aussi.

3. Un professeur d'histoire **enseigne** l'histoire. Un professeur d'anglais peut **enseigner** la composition ou bien la littérature anglaise ou américaine. Et votre professeur de français **enseigne** _____.

4. Claire est allée à la Nouvelle-Orléans une **fois**. Elle a visité Paris deux ou trois **fois**. Elle a dîné avec Jean-Louis plusieurs **fois**. Elle est allée à Lafayette

_____.

1.14 Vidéo : profil personnel

Regardez l'interview du Chapitre 1 de votre vidéo « Points de vue » et puis remplissez les blancs du profil personnel en fournissant les détails sur l'intervenante que vous y rencontrez.

PRÉNOM :   Julie

PAYS D'ORIGINE : _____

RÉSIDENCE ACTUELLE : _____

LANGUES PARLÉES : _____

ÉTUDES : _____

PROFESSION : _____

1.15 Vidéo : compréhension

Après avoir regardé le Chapitre 1 de la vidéo, répondez aux questions ou complétez les phrases suivantes en cochant (checking off) *tout ce qui est vrai.*

1. Julie dit qu'elle a reçu les diplômes suivants.

_____ la licence (*equivalent of a bachelor's degree*)

_____ une maîtrise (*master's degree*)

_____ un doctorat

2. En parlant du tourisme à la Nouvelle-Orléans, Julie mentionne. . .

_____ les bars   _____ les restaurants

_____ les musées   _____ les cimetières

_____ le Mardi Gras   _____ les marécages

_____ les maisons historiques   _____ les musiciens dans les rues

_____ les sports nautiques

3. En regardant les images de la Nouvelle-Orléans, on voit. . .

_____ des bars   _____ des restaurants

_____ des musées   _____ des cimetières

_____ le Mardi Gras   _____ des marécages

_____ des maisons historiques   _____ des églises

_____ les musiciens dans les rues   _____ des sports nautiques

4. D'après Julie, la plupart des touristes viennent pour. . .

_____ le Pâques (*Easter*)   _____ le Mardi Gras

_____ Noël

5. Pour Julie, la saison la plus agréable, c'est. . .

_____ l'été   _____ le printemps

_____ l'hiver   _____ l'automne

6. La saison la plus tranquille à la Nouvelle-Orléans, c'est. . .

_____ l'été   _____ le printemps

_____ l'hiver   _____ l'automne

7. Dans le premier clip des « Voyages », le jeune homme dit que la saison la plus intéressante pour visiter le Québec, c'est. . .

_____ l'été   _____ le printemps

_____ l'hiver   _____ l'automne

8. Dans le deuxième clip des « Voyages », l'homme parle de quels transports populaires en Suisse ?

_____ l'avion   _____ le taxi

_____ le bus   _____ le train

1.16 Vidéo : structures

(a) **Le présent :** *Voici un résumé de l'interview du Chapitre 1. Après avoir regardé la vidéo, remplissez les blancs avec un verbe de la liste. Attention à la conjugaison des verbes au présent.*

faire, être, s'appeler, venir, aller, habiter, préférer

Cette femme _____ Julie. Elle _____ professeur

d'anglais. Elle _____ dans l'État de Massachusetts, mais elle

_____ de la Nouvelle-Orléans. Elle _____ à la

Nouvelle-Orléans deux fois par an. Elle _____ les mois de mars et

avril, parce qu'il _____ moins chaud qu'en été.

(b) **Quelques questions :** *Après avoir regardé la vidéo, pensez à quelques questions supplémentaires que vous aimeriez poser à Julie (à propos de son travail, sa vie, ses voyages, ou la Louisiane). Attention à varier la forme de vos questions.*

1. _____ ?

2. _____ ?

3. _____ ?

4. _____ ?

1.17 Vidéo : vocabulaire

Répondez aux questions suivantes d'après ce que vous avez entendu et ce que vous avez vu dans la vidéo.

1. Pourquoi est-ce que Julie voyage à la Nouvelle-Orléans deux fois par an ?

_____

_____

2. Pourquoi est-ce que Julie aime visiter la Nouvelle-Orléans aux mois de mars et avril ?

_____

_____

3. Comment est l'ambiance de la Nouvelle-Orléans pendant le Mardi Gras ?

_____

_____

4. Quels types de musique viennent de la Nouvelle-Orléans ?

_____

_____

5. Quels plats typiques louisianais est-ce qu'on peut voir dans cette vidéo ?

_____

_____

6. Quels moyens de transport est-ce qu'on peut voir dans cette vidéo ?

_____

_____

7. D'après le jeune homme québécois, pourquoi faut-il visiter le Québec en hiver ?

_____

_____

8. D'après l'homme suisse, comment est-ce que les Suisses aiment voyager ?

_____

_____

1.18 Vidéo : culture

Réfléchissez à l'interview avec Julie et aux images de la Nouvelle-Orléans que vous avez vues dans cette vidéo. Ensuite, répondez aux questions personnelles.

1. Voudriez-vous visiter la Nouvelle-Orléans ? Pourquoi ou pourquoi pas ?

   _____

   _____

2. À votre avis, quelle est la saison la plus intéressante pour un voyage à la Nouvelle-Orléans ?

   _____

   _____

3. Qu'est-ce que vous aimeriez faire comme touriste à la Nouvelle-Orléans ?

   _____

   _____

4. Trouvez-vous que cette vidéo représente la ville de la Nouvelle-Orléans d'une façon stéréotypique ? Pourquoi ou pourquoi pas ?

   _____

   _____

5. Une grande partie de la ville de la Nouvelle-Orléans a été détruite en 2005 à cause de l'ouragan Katrina. Imaginez la vie des habitants de la Nouvelle-Orléans après l'ouragan. Qu'est-ce qui est différent ? Qu'est-ce qui ne change pas ?

   _____

   _____

   _____

   _____

Une recette créole

POUR RÉVISER

Activités orales

Activités écrites

Activités audiovisuelles

■ **Activités orales**

2.1 Comment dire : les invitations

On vous invite ! Écoutez les invitations et choisissez la réponse (a) ou la réponse (b) d'après les indications données. Prononcez votre réponse à haute voix et puis répétez la bonne réponse (avec enthousiasme et en faisant attention à votre prononciation) après le narrateur.

MODÈLE :   Vous entendez : « Je vous invite à dîner chez moi ce soir. » *Acceptez !*

   Vous dites : « J'accepte avec plaisir. »

   Vous entendez : « J'accepte avec plaisir. »

   Vous répétez : « J'accepte avec plaisir. »

1. *Acceptez !*
   a. Je ne suis pas libre.   b. J'accepte avec plaisir.

2. *Acceptez !*
   a. Je ne peux pas.   b. D'accord.

3. *Refusez.*
   a. Merci, j'aimerais bien y aller.   b. Je voudrais bien, mais je ne peux pas me libérer.

4. *Refusez.*
   a. Pas question !   b. Pourquoi pas !

5. *Acceptez !*
   a. Bien sûr !   b. Zut ! Je ne suis pas libre ce weekend.

6. *Refusez.*
   a. J'aimerais bien y aller demain.   b. C'est très gentil, mais un autre jour peut-être ?

2.2 Comment dire : dîner au restaurant

Vous êtes dans un restaurant à la Nouvelle-Orléans et vous posez des questions au serveur. Posez votre question à haute voix et puis répétez la version de la question que nous vous suggérons (avec enthousiasme et en faisant attention à votre prononciation) après le narrateur.

MODÈLE : Vous voulez savoir où se trouvent les toilettes.

  Vous demandez : « Où sont les toilettes ? »

  Vous entendez : « Où sont les toilettes, s'il vous plaît ? »

  Vous répétez : « Où sont les toilettes, s'il vous plaît ? »

1. Vous voulez savoir où se trouvent les toilettes.

2. Vous voulez encore du pain.

3. Vous voulez savoir les ingrédients qui composent l'étouffée.

4. Vous voulez une carafe d'eau pour la table.

5. Vous voulez savoir si le poulet est grillé ou frit.

6. Vous voulez savoir quels desserts on offre ce soir.

7. Vous voulez payer.

8. Vous voulez savoir si le service est compris.

2.3 Comment dire : demander et donner une opinion

Vous demandez l'opinion d'une personne francophone que vous venez de rencontrer en Louisiane. Répétez les questions à haute voix, après le narrateur. Ensuite, écoutez l'opinion de cette personne et indiquez si cette personne vous encourage ou vous avertit.

MODÈLE : Vous entendez : « Que pensez-vous des marécages ? »

  Vous répétez : « Que pensez-vous des marécages ? »

  Vous entendez : « Il est dangereux d'y aller. Méfiez-vous des alligators ! »

  Vous marquez : _____ *x* _____ avertissement

1. _____ encouragement   _____ avertissement

2. _____ encouragement   _____ avertissement

3. _____ encouragement   _____ avertissement

4. _____ encouragement   _____ avertissement

5. _____ encouragement   _____ avertissement

2.4 Comment dire : parler du passé (dictée)

Voici un paragraphe tiré d'une lettre que Henri Hébert, un homme d'affaires louisianais, écrit à un ami. Vous allez entendre ce texte trois fois. La première fois, écoutez attentivement. La deuxième fois, le paragraphe sera lu plus lentement. En écoutant, écrivez chaque phrase exactement comme vous l'entendez. La troisième fois, écoutez encore en relisant ce que vous avez écrit pour vérifier votre transcription.

_____

_____

_____

_____

_____

_____

_____

_____

_____

_____

_____

_____

_____

_____

_____

_____

_____

_____

_____

_____

_____

■ **Activités écrites**

2.5 Vocabulaire : la cuisine

Sandrine Fontenot-Chardin et son mari, Alexandre, dînent chez eux à la Nouvelle-Orléans quelques heures après la visite de Claire. Voici les plats que Sandrine a préparés. Faites une liste d'au moins six ingrédients nécessaires pour chaque plat. Attention à l'usage des articles et du partitif.

1. Une soupe au poulet : _____

_____

_____

2. Une salade mixte : _____

_____

_____

3. Une étouffée : _____

_____

_____

4. Une tarte aux fruits des bois : _____

_____

_____

2.6 Structures : le partitif

Pendant le dîner, Sandrine et son mari bavardent. Voici leur conversation. Remplissez les blancs avec un **article défini**, *un* **article indéfini**, *le* **partitif** *ou* **de**. *Il y a parfois plus d'une réponse possible.*

SANDRINE : J'ai préparé ton plat préféré ce soir

ALEXANDRE : Tu as fait _____ étouffée ? Quel ange !

SANDRINE : Oui, mais nous allons commencer avec _____ soupe au poulet et _____ salade verte. Je sais que tu adores _____ olives noires, alors j'ai mis _____ olives dans ta salade. Tu veux _____ pain ?

ALEXANDRE : Merci. Tu veux _____ vin ?

SANDRINE : Bien sûr.

ALEXANDRE : Tu as passé _____ bonne journée ?

SANDRINE : Oui. Enfin, quelqu'un est venu me parler des bouquins de mon grand-père. C'est _____ étudiante québécoise qui écrit sa thèse.

ALEXANDRE : Qu'est-ce que tu lui as dit ?

SANDRINE : La vérité. Elle avait l'air sympa quoiqu'un peu naïf. Tiens, voici ton étouffée. Tu veux _____ riz ?

ALEXANDRE : Oui, un peu. Est-ce que tu as préparé _____ tarte pour le dessert ?

SANDRINE : Ouais. Nous pouvons avoir _____ tarte et _____ café après le dîner. Il reste aussi _____ glace à la vanille. Il faut la finir avant de partir en vacances demain.

ALEXANDRE : Si tu insistes ! Tu me gâtes, Sandrine.

2.7 Structures : l'interrogatif

*La conversation entre Sandrine et son mari continue. Alexandre veut en savoir plus sur cette étudiante québécoise qui est venue à la maison. Imaginez les questions qu'Alexandre a posées. Utilisez une variété d'**expressions interrogatives**.*

ALEXANDRE : _____ ?

SANDRINE : Elle s'appelait Claire Plouffe.

ALEXANDRE : _____ ?

SANDRINE : Elle habite à Québec, mais sa famille est à Montréal.

ALEXANDRE : _____ ?

SANDRINE : Elle est arrivée ici vers trois heures de l'après-midi.

ALEXANDRE : _____ ?

SANDRINE : Parce qu'elle écrit sa thèse sur Laclos et elle savait qu'il existait un rapport entre Laclos et François Fontenot, un de mes ancêtres.

ALEXANDRE : _____ ?

SANDRINE : Choderlos de Laclos ? C'est un auteur du 18ème siècle.

ALEXANDRE : _____ ?

SANDRINE : Il a écrit *Les Liaisons dangereuses*. C'est un roman assez connu.

ALEXANDRE : _____ ?

SANDRINE : Elle a trouvé mon nom dans un livre de généalogie à la Bibliothèque Municipale, avec l'aide des bibliothécaires, je crois.

ALEXANDRE : _____ ?

SANDRINE : Nous avons parlé de la vente des livres au bouquiniste parisien, et aussi de la cuisine créole.

2.8 Structures : le passé composé et l'imparfait

(a) *Puisqu'ils partent en vacances demain, Sandrine et Alexandre commencent à parler de leurs vacances de l'année dernière quand ils ont rendu visite à des parents à Haïti. Formez des phrases avec les éléments donnés en utilisant le* **passé composé***.*

1. nous / prendre / l'avion à Port-au-Prince

   _____

2. tes cousins / venir / nous chercher à l'aéroport

   _____

3. tu / apporter / beaucoup de cadeaux pour les enfants

   _____

4. Philippe / ne... pas / aimer les vêtements

   _____

5. je / s'endormir / très tôt la première nuit

   _____

6. vous / boire / et / vous / parler / jusqu'à deux heures du matin

   _____

7. le lendemain / les enfants et moi / se lever / de bonne heure

   _____

8. les enfants / sortir / avant de manger

   _____

9. je / les / accompagner au parc

   _____

10. tout le monde / s'amuser / à raconter des histoires

    _____

(b) *Sandrine se souvient bien de ce séjour chez ses cousins. Elle décrit ce séjour chez des cousins qu'elle ne connaissait pas très bien. Conjuguez les verbes à l'**imparfait**.*

1. il / faire / très chaud

   _____

2. mes cousins / être / très accueillants

   _____

3. nous / vouloir / connaître nos parents

   _____

4. Ma cousine Sachielle / ne... pas / travailler à cette époque

   _____

5. elle / avoir / trois enfants à la maison

   _____

6. le plus jeune / ne... pas encore / aller / à l'école

   _____

7. les enfants / s'intéresser / à la culture américaine

   _____

8. ils / écouter / de la musique américaine tout le temps

   _____

9. nous / parler / souvent de la Louisiane

   _____

10. tu / vouloir / rester encore une semaine

    _____

(c) *Pensez à un voyage que vous avez fait récemment et ensuite répondez aux questions suivantes. Utilisez le* **passé composé** *(PC) ou l'***imparfait** *(I), selon les indications.*

1. Où êtes-vous allé(e) ? (PC)

   _____

2. Avec qui avez-vous voyagé ? (PC)

   _____

3. Est-ce que vous étiez content(e) de partir en voyage ou vouliez-vous rester chez vous ? (I)

   _____

4. Comment est-ce que vous êtes arrivé(e) à votre destination ? (PC)

   _____

5. Quel temps a-t-il fait pendant votre séjour ? (PC)

   _____

6. Qu'est-ce que vous avez fait d'intéressant ? (PC)

   _____

7. Comment était la nourriture ? (I)

   _____

8. Avez-vous fait de nouvelles connaissances ? (PC)

   _____

9. Vous êtes-vous amusé(e) ou ennuyé(e) pendant ce séjour ? (PC)

   _____

10. Le jour du départ, aviez-vous envie de rester ou étiez-vous prêt(e) à rentrer chez vous ? (I)

    _____

2.9 Vous rappelez-vous ? les verbes irréguliers au présent

En prenant leur dessert, Sandrine et Alexandre continuent à parler de la visite de Claire. Choisissez parmi les verbes suivants et remplissez les blancs en conjuguant le verbe au **présent***. Vous allez utiliser quelques verbes plus d'une fois.*

croire, boire, recevoir, devoir, voir

SANDRINE : Est-ce que tu _____ que Monsieur Gustave, le bouquiniste qui a acheté les livres de mon grand-père, travaille toujours à Paris ?

ALEXANDRE : S'il vit encore, il _____ être assez âgé. Je doute qu'il travaille encore.

SANDRINE : Il avait à peine 18 ans quand mon père l'a rencontré à Paris. Je _____ que mon père _____ des lettres de lui de temps en temps, mais je ne _____ pas comment il serait possible que ce monsieur ait toujours le manuscrit. Il ne savait même pas que ce manuscrit comptait parmi les livres qu'on lui avait vendus.

ALEXANDRE : Et toi et tes parents, vous _____ vraiment que ce manuscrit est un chef-d'œuvre perdu ? Vous ne _____ pas que ce soit un peu invraisemblable ?

SANDRINE : Mes parents le _____ bien, et moi aussi. Enfin, on verra. . . Tu ne _____ pas ton café ?

ALEXANDRE : Si, si. Mais nous _____ du décaféiné, n'est-ce pas ? Nous _____ nous lever très tôt demain matin afin de ne pas manquer notre vol. Je veux pouvoir m'endormir ce soir.

SANDRINE : C'est bien du décaf, mais à propos du voyage, je _____ faire mes valises. Je vais vite faire la vaisselle avant.

ALEXANDRE : Non, c'est à moi de faire la vaisselle ce soir.

SANDRINE : C'est pas grave. Reste là et finis ton café. Tu pourras sortir la poubelle plus tard.

2.10 Recyclons ! la négation

*Jean-Louis veut savoir plus de la journée de Claire, mais elle hésite à parler de son projet avec lui. Imaginez les réponses négatives de Claire. Utilisez une variété d'**expressions négatives**.*

JEAN-LOUIS : Est-ce qu'il y avait beaucoup de gens à la bibliothèque aujourd'hui ?

CLAIRE : Non, il n'y avait _____. Il n'y avait _____ moi et

quelques bibliothécaires.

JEAN-LOUIS : Je trouve que les bibliothécaires sont *tout à fait* inutiles.

CLAIRE : Mais non. Au contraire, elles ne sont _____ inutiles ! Elles ont

trouvé une des descendantes de François Fontenot pour moi.

JEAN-LOUIS : Est-ce que cette femme a *toujours* le manuscrit que tu cherches ?

CLAIRE : Non, elle n'a _____ le manuscrit.

JEAN-LOUIS : Est-ce que cette femme parle *souvent* de ce manuscrit aux chercheurs étrangers ?

CLAIRE : Non, elle ne parle _____ de ce manuscrit. J'ai dû la convaincre, et

c'était assez difficile.

JEAN-LOUIS : Ah bon ? Alors, tu as réussi à la faire parler. Bravo. Tu veux me raconter ce qu'elle

a dit ?

CLAIRE : Non, je ne veux _____ parler de ma thèse _____

parler de Sandrine. Je suis trop fatiguée et ce sujet est peut-être ennuyeux pour toi.

2.11 Culture : quiz culturel

Que savez-vous déjà ? Répondez aux questions ou complétez les phrases suivantes.

1. Haïti est un pays francophone situé. . .
   a. sur le golfe du Mexique
   b. sur l'océan Pacifique
   c. sur la mer Méditerranée
   d. sur la mer des Caraïbes

2. Les Français ont occupé cette île. . .
   a. de 1697 à 1804
   b. de 1789 à 1917
   c. de 1917 à 1934
   d. de 1934 à 1960

3. Le nom que les Français ont donné à cette île était. . .
   a. la République Dominicaine
   b. Saint-Domingue
   c. la Jamaïque
   d. Saint-Barthes

4. À Haïti, un des plats traditionnels est. . .

    a. la tourtière
               b. les bananes des Antilles

    c. les pets-de-nonne
          d. la fondue

5. Si vous ne comprenez pas des directions, quelle est l'expression à ne pas utiliser ?

    a. Excusez-moi ?
            b. Comment ?

    c. Qui est-ce ?
             d. Qu'est-ce que vous venez de dire ?

6. Où trouve-t-on des pratiquants de la religion vaudoue ?

    a. aux États-Unis
           b. aux Antilles

    c. en Afrique
             d. dans tous ces lieux

7. Qu'est-ce que François Fontenot a fait comme travail après avoir immigré à la Nouvelle-Orléans ?

    a. bouquiniste
    b. restaurateur
    c. soldat
    d. professeur

8. Où est-ce que Jean-Louis Royer est né ?

    a. à Paris
    b. à Annecy
    c. à Genève
    d. à Québec

9. Lequel n'est pas un fruit de mer ?

    a. le canard
    b. les moules
    c. les écrevisses
    d. les huîtres

10. Quel plat est fait de viande hâchée, de tomates, d'oignons, de cornichons (*pickles*), de petits pains et de condiments ?

    a. une ratatouille
    b. une tourtière
    c. une étouffée
    d. aucun de ces plats

11. Si on est végétarien, on ne mange pas. . . ?

    a. d'aubergines
    b. de mangues
    c. de riz
    d. de veau

12. Que veut dire l'expression « Lâche pas la patate » ?

    a. Méfiez-vous des inconnus
        b. N'oubliez pas de manger

    c. Soyez gentil(le)
           d. Il faut persévérer

13. Pour refuser une invitation, on peut dire. . .

    a. « J'insiste ! »
          b. « Pourquoi pas ! »

    c. « Je suis pris(e) ! »
       d. « Allons-y ! »

14. François Fontenot est arrivé à la Nouvelle-Orléans le 14 juillet. Le 15 juillet c'était. . .

    a. le surlendemain
    b. la veille
    c. le lendemain
    d. l'avant-veille

15. Faire cuire lentement à feu doux (*on low heat*) signifie. . .

    a. mijoter
    b. faire sauter
    c. bouillir
    d. brûler

2.12 Culture : comparaisons

Pensez aux repas que vous prenez souvent chez vous. Ensuite, imaginez un repas typique dans une maison créole en Louisiane. Finalement, écrivez quelques paragraphes en faisant des comparaisons entre votre repas typique et un repas typique louisianais. Quelles sont les plus grandes différences ? Pourquoi ces différences existent-elles ?

_____

_____

_____

_____

_____

_____

_____

_____

_____

_____

_____

_____

_____

_____

_____

_____

_____

_____

_____

_____

_____

_____

_____

_____

2.13 Littérature : suite

À la recherche du temps perdu de Marcel Proust

Imaginez que vous êtes chez le narrateur du texte de Proust au moment où il prend son thé. Avez-vous des questions à lui poser à propos de son enfance ? Voulez-vous l'encourager à se rappeler toute l'histoire ? Écrivez un petit dialogue où vous lui posez des questions sur son passé et vous l'encouragez à vous parler de sa jeunesse. Imaginez ses réponses.

■ Activités audiovisuelles

2.14 Avant de regarder : que savez-vous déjà ?

(a) *Que savez-vous déjà de Haïti ? Avant de regarder la vidéo, répondez aux questions suivantes.*

1. Où se trouve Haïti ? Comment est son climat ?

_____

2. Quelle est la capitale de Haïti ?

_____

3. Quelles sont les langues officielles de ce pays ?

_____

4. Quand a eu lieu la Révolution haïtienne ?

_____

5. Contre qui est-ce que les Haïtiens ont fait la révolution ? Pourquoi ?

_____

6. Beaucoup d'Haïtiens ont quitté leur pays au 20ème siècle pour immigrer aux pays plus industrialisés. Pourquoi ? Quels problèmes confrontent les Haïtiens d'aujourd'hui ?

_____

(b) *Connaissez-vous les mots suivants ? Lisez les paragraphes suivants et essayez de comprendre le sens des mots en caractères gras (que vous allez entendre dans l'interview). Ensuite, terminez les phrases logiquement.*

1. Si on étudie l'histoire, on peut **devenir** historien. Si on étudie le droit, on peut **devenir** avocat. Si on étudie la comptabilité, on peut **devenir** comptable. Moi, j'étudie

_____. Je veux **devenir** _____.

2. Quand Claire voyage, **ce qui lui manque**, c'est sa famille. Quand Jean-Louis voyage, **ce qui lui manque**, c'est son lit confortable. Quand Philippe Aucoin quitte la Louisiane, **ce qui lui manque**, c'est un bon beignet louisianais. Moi, quand je ne suis pas chez moi, **ce qui me manque**, c'est _____.

3. Si les enfants réussisssent à l'école, les parents sont **fiers** d'eux. Si un pompier sauve quelqu'un d'un bâtiment qui brûle, sa femme est **fière** de lui. Quand une femme-écrivain publie son premier roman, son mari est **fier** d'elle. Moi, je suis **fier/fière** de

_____ quand il/elle _____.

4. Dans les guerres, il y a parfois beaucoup de violence. Les soldats se battent. C'est à dire, que chaque armée **lutte** contre l'autre. En affaires aussi, il faut **lutter**. On **lutte** contre une autre compagnie pour vendre le plus du produit. Il est bon de **lutter** contre les injustices, comme la discrimination ou l'oppression. Moi, je pense que nous devons **lutter** contre

   _____.

5. En faisant la cuisine, on utilise souvent des herbes vertes comme le basilic, le coriandre, le persil, **le thym** ou **la menthe** pour assaisonner les plats. On peut utiliser la basilic dans la sauce aux tomates. On peut utiliser le coriandre dans une salsa mexicaine. On peut utiliser le persil pour garnir un plat de légumes. On peut utiliser **le thym** pour assaisonner un poulet rôti. On peut utiliser **la menthe** pour garnir un dessert. De toutes les herbes, moi, je

   préfère _____ pour assaisonner _____.

2.15 Vidéo : profil personnel

Regardez l'interview du Chapitre 2 de votre vidéo « Points de vue » et puis remplissez les blancs du profil personnel en fournissant les détails sur l'intervenant que vous y rencontrez.

PRÉNOM :   Guimy

PAYS D'ORIGINE :   _____

RÉSIDENCE ACTUELLE :   _____

LANGUES PARLÉES :   _____

ÉTUDES :   _____

PROFESSION :   _____

2.16 Vidéo : compréhension

Après avoir regardé le Chapitre 2 de la vidéo, répondez aux questions ou complétez les phrases suivantes en cochant (checking off) tout ce qui est vrai.

1. Les raisons pour lesquelles Guimy est venu aux États-Unis sont. . .

   _____ l'éducation   _____ les opportunités de travail

   _____ la liberté d'expression   _____ être avec ses parents

2. En parlant de la vie haïtienne, Guimy mentionne. . .

   _____ les plages   _____ la forêt

   _____ les musées   _____ la communauté

   _____ le beau climat   _____ la cuisine

   _____ les problèmes politiques et économiques   _____ la musique

   _____ la Révolution haïtienne   _____ les sports nautiques

3. En parlant de la cuisine haïtienne, Guimy mentionne. . .

   _____ les ananas   _____ le riz

   _____ le poulet   _____ les bananes

   _____ les pois   _____ la viande

   _____ le maïs   _____ le poisson

4. Comme plat préféré, Guimy dit. . .

   _____ qu'il adore les fruits exotiques.

   _____ qu'il préfère les hamburgers américains.

   _____ qu'il n'a pas de préférence parce qu'il mange presque tout.

5. En parlant de la Révolution, Guimy mentionne. . .

   _____ Toussaint Louverture   _____ Dessalines

   _____ les esclaves   _____ les Français

   _____ les Espagnols   _____ Napoléon Bonaparte

6. Quand Guimy parle de la diaspora haïtienne, il indique qu'on trouve des Haïtiens aujourd'hui dans quels endroits ?

   _____ en Floride   _____ à Montréal

   _____ en France   _____ à New York

   _____ à Boston   _____ en Afrique de l'ouest

7. Dans le premier clip de « La cuisine », la jeune femme blonde parle d'un plat. . .

   _____ français   _____ haïtien

   _____ vietnamien   _____ chinois

8. Dans le deuxième clip de « La cuisine », l'homme suisse parle de quels types de fondues ?

____ la fondue au fromage   ____ la fondue au chocolat

____ la fondue italienne   ____ la fondue chinoise

____ la fondue bourgignonne   ____ la fondue aux pommes de terre

____ la fondue aux fruits

9. Dans le troisième clip de « La cuisine », l'homme martiniquais parle de quoi ?

____ un plat à base de poulet   ____ un plat à base de poisson

____ un plat à base de viande   ____ un plat végétarien

2.17 Vidéo : structures

(a) **Le passé :** *Voici un résumé de l'interview du Chapitre 2. Après avoir regardé la vidéo, remplissez les blancs avec un verbe de la liste. Attention à la conjugaison des verbes au* **passé composé** *(PC) ou à* **l'imparfait** *(I).*

faire, se connaître, chasser, venir, manger, naître, jouer, étudier, briser

Guimy _____ (PC) à Port-au-Prince. Il _____ (PC) dans l'État de Massachu-setts pour aller à l'université. Il _____ (PC) la chimie à l'université. La vie à Haïti lui manque. Quand il était petit, tous les gens du quartier _____ (I), et tous les enfants _____ (I) ensemble. On _____ (I) souvent des plats à base de riz, avec de la viande ou du poisson. Guimy est fier d'être Haïtien. Il parle de ses ancêtres qui _____ (PC) la Révolution. Les esclaves _____ (PC) leurs chaînes et ils _____ (PC) leurs maîtres français de l'île pour établir un pays libre et indépendant.

(b) **Les articles et le partitif :** *Après avoir regardé la vidéo, remplissez les blancs avec un* **article défini**, *un* **article indéfini**, *le* **partitif** *ou bien l'article* **de** *tout seul.*

1. Notre langue, c'est _____ kreyòl, et on parle français à l'école.

2. Ce pays a offert beaucoup _____ opportunités.

3. Dans un plat typique haïtien, on trouve _____ viande ou _____ poisson.

4. Je mange presque tout, moi. Pour bien dire, je n'ai pas _____ préférence.

5. Je suis né dans _____ pays qui est riche dans l'histoire.

6. Haïti, c'est _____ premier pays noir libre et indépendant.

7. Maintenant, _____ Haïtiens, ils sont dispersés.

2.18 Vidéo : vocabulaire

Répondez aux questions suivantes d'après ce que vous avez entendu et ce que vous avez vu dans la vidéo. Attention à l'usage des articles et du partitif !

1. Guimy décrit des ingrédients d'un dîner typique haïtien. Quels sont les cinq ingrédients qu'il mentionne ?

   _____

2. La jeune femme blonde parle d'un plat qui s'appelle « le bo bun » qu'on mange avec un « rouleau de printemps ». Quels sont les ingrédients qu'elle mentionne ?

   _____

3. L'homme suisse parle de plusieurs types de fondue. Quels ingrédients entendez-vous ?

   _____

4. L'homme martiniquais parle d'un plat qui s'appelle un « blaf ». Quels en sont les ingrédients ?

   _____

2.19 Vidéo : culture

Réfléchissez à l'interview avec Guimy et aux images de Haïti que vous avez vues dans cette vidéo. Ensuite, répondez aux questions personnelles.

1. Guimy offre plusieurs raisons pour son immigration aux États-Unis. Quelles sont ses raisons principales ? Est-ce que vous pensez que ce sont de bonnes raisons ? Est-ce que ce sont des raisons typiques de la plupart des immigrants aux États-Unis ?

   _____

   _____

   _____

   _____

   _____

   _____

   _____

   _____

2. Guimy parle beaucoup de l'histoire de son pays, et il mentionne Dessalines, un esclave noir qui a lutté contre les Français, et puis qui est devenu brièvement l'empereur d'Haïti avant de périr dans une révolte en 1806. À votre avis, pourquoi est-ce que l'histoire du pays est important à Guimy ?

_____

_____

_____

_____

_____

_____

3. De tous les plats décrits dans la vidéo du Chapitre 2 (l'interview et les clips), lequel voudriez-vous essayer ? Pourquoi ?

_____

_____

_____

_____

_____

_____

_____

Chapitre
3

En vogue à Paris

POUR RÉVISER

Activités orales

3.1   Comment dire : décrire les vêtements et les affaires personnelles
3.2   Comment dire : décrire les objets
3.3   Comment dire : décrire les gens (dictée)
3.4   Comment dire : s'excuser et pardonner

Activités écrites

3.5   Vocabulaire : décrire les gens, les vêtements et les objets
3.6   Structures : les adjectifs descriptifs
3.7   Structures : l'adjectif possessif et le pronom possessif
3.8   Structures : le participe présent
3.9   Structures : l'infinitif passé
3.10 Structures : le passé composé et l'imparfait (suite)
3.11 Vous rappelez-vous ? les verbes irréguliers au présent
3.12 Recyclons ! les articles définis et indéfinis et le partitif
3.13 Culture : quiz culturel
3.14 Culture : comparaisons
3.15 Littérature : suite

Activités audiovisuelles

3.16 Avant de regarder : que savez-vous déjà ?
3.17 Vidéo : profil personnel
3.18 Vidéo : compréhension
3.19 Vidéo : structures
3.20 Vidéo : vocabulaire
3.21 Vidéo : culture

■ Activités orales

3.1 Comment dire : décrire les vêtements et les affaires personnelles

Vous êtes à Paris où vous faites du shopping dans les grands magasins du boulevard Haussmann. Vous écoutez des gens qui eux aussi font du shopping. Répétez à haute voix la phrase que vous entendez (avec enthousiasme et en faisant attention à votre prononciation) et ensuite écrivez ce que chaque personne cherche.

MODÈLE : Vous entendez : « Sylvie a besoin d'un nouveau maillot de bain. »

Vous répétez : « Sylvie a besoin d'un nouveau maillot de bain. »

Vous écrivez : Sylvie : _____ *maillot de bain* _____

1. Hervé : _____

2. Armelle et Leila : _____

3. Rachid et moi : _____

4. Toi et Jacques : _____

5. Djenann : _____

6. Émilie : _____

7. Tran et Linh : _____

8. Gilles : _____

3.2 Comment dire : décrire les objets

Toujours dans les grands magasins, vous tombez sur un client qui a mauvaise mémoire. Il oublie les noms des objets qu'il cherche. Écoutez lorsqu'il décrit chaque objet. Après avoir écouté sa description, choisissez entre les objets suggérés et dites-lui le nom de l'objet qu'il cherche. Prononcez votre choix à haute voix et puis répétez la bonne réponse (avec enthousiasme et en faisant attention à votre prononciation) après le narrateur.

MODÈLE : Vous entendez : « Ce sont de petits trucs ronds et plats avec des trous. »

Vous dites : « Vous cherchez des boutons. »

Vous entendez : « Vous cherchez des boutons. »

Vous répétez : « Vous cherchez des boutons. »

1. a. des assiettes	b. des boutons
2. a. un foulard	b. une chemise
3. a. un collier	b. une montre
4. a. un sac à main	b. un chapeau
5. a. des gants	b. des chaussures
6. a. un grille-pain (*toaster*)	b. une poubelle (*trash can*)

3.3 Comment dire : décrire les gens (dictée)

Voici un paragraphe de la lettre de Marie à sa sœur dans laquelle elle décrit ses nouveaux amis, Benoît et Florence. Le narrateur va lire ce texte trois fois. La première fois, écoutez attentivement. La deuxième fois, le paragraphe sera lu plus lentement. En écoutant, écrivez chaque phrase exactement comme vous l'entendez. La troisième fois, écoutez encore en relisant ce que vous avez écrit pour vérifier votre transcription.

_____

_____

_____

_____

_____

_____

_____

_____

_____

_____

_____

_____

_____

_____

_____

_____

_____

_____

_____

3.4 Comment dire : s'excuser et pardonner

On s'excuse ! Écoutez les excuses suivantes et choisissez la réponse (a) ou la réponse (b) pour accepter les excuses ou pour exprimer votre colère, suivant la réaction indiquée. Prononcez votre réponse à haute voix et puis répétez la bonne réponse (avec enthousiasme et en faisant attention à votre prononciation) après le narrateur.

MODÈLE : Vous entendez : « J'ai fait une bêtise. J'ai cassé ta montre. Je suis désolé. » *Acceptez les excuses !*

Vous dites : « Ne t'en fais pas ! »

Vous entendez : « Ne t'en fais pas ! »

Vous répétez : « Ne t'en fais pas ! »

1. *Acceptez les excuses !*
   a. Ne t'en fais pas !   b. Tu n'as pas honte !

2. *Non ! Vous êtes en colère.*
   a. Tu as eu tort !   b. Il n'y a pas de quoi !

3. *Non ! Vous êtes en colère.*
   a. N'y pensez plus !   b. Il est trop tard pour vous excuser !

4. *Acceptez les excuses !*
   a. Quel prétentieux !   b. Ce n'est pas si grave que ça !

5. *Acceptez les excuses !*
   a. Je te pardonne.   b. Je t'en veux, tu sais.

6. *Non ! Vous êtes en colère.*
   a. Ne vous en faites pas !   b. Vous n'avez pas honte ?

■ **Activités écrites**

3.5 Vocabulaire : décrire les gens, les vêtements et les objets

Vous êtes à Paris où vous voyez beaucoup de gens différents. Vous remarquez la diversité ethnique des Parisiens. Décrivez les gens suivants en imaginant leurs traits physiques (évitez les stéréotypes !), les vêtements qu'ils portent au travail (n'oubliez pas d'indiquer la couleur de leurs vêtements) et les objets qu'on associe à leur profession. Si vous ne connaissez pas les mots pour les objets ou les types de vêtements, décrivez-les en employant des adjectifs !

1. un agent de police devant le Louvre

_____

_____

_____

2. une serveuse dans un restaurant

_____

_____

_____

3. un médecin à l'hôpital

_____

_____

_____

4. une femme d'affaires dans le métro

_____

_____

_____

5. une caissière dans une boulangerie

_____

_____

_____

6. un étudiant qui se détend dans le jardin du Luxembourg

_____

_____

_____

7. une artiste à Montmartre

_____

_____

_____

8. un musicien dans un club de jazz

_____

_____

_____

3.6 Structures : les adjectifs descriptifs

François Phan, le témoin qui avait aidé les policiers à l'aéroport, est rentré chez lui. Il habite une maison dans le 4ème arrondissement de Paris. Là, il montre des photos de son voyage à Hô Chi Minh-Ville (autrefois la ville de Saïgon) à sa femme et à ses enfants. Récrivez les phrases en ajoutant les adjectifs donnés afin de modifier le nom en caractères gras. N'oubliez pas de faire l'accord et de bien placer l'adjectif !

1. Voici **la maison** de mes grands-parents. (nouveau, joli)

   _____

2. Devinez qui est l'homme dans **la photo**. (prochain)

   _____

3. C'est Monsieur Loc ! C'est **le propriétaire** de la maison. Il l'a vendue à mes parents. (ancien)

   _____

4. Derrière lui, on peut voir sa voiture. Il adore **cette voiture**. (français, petit)

   _____

5. Ce sont les voisines de mes grands-parents. Ce sont **des femmes**. (gentil, généreux)

   _____

6. Ah ! Voici mes photos de la ville. Vous voyez comme elle a changé ? C'est **une ville** ! (grand, urbain)

   _____

7. On y trouve beaucoup **de gens** qui veulent améliorer leur vie. (optimiste, jeune)

   _____

8. Voici **une église** construite pendant l'occupation française. (catholique, vieux)

   _____

9. C'est une photo **des montagnes** que j'ai vues de l'avion. (beau, rocheux)

   _____

10. C'était un voyage inoubliable, mais je suis content d'être dans **ma maison**, même si tout est en désordre ici ! (petit, propre)

    _____

3.7 Structures : l'adjectif possessif et le pronom possessif

*Thien, la femme de François Phan, explique que leurs enfants avaient invité leurs amis à jouer chez eux après l'école. Ils sont rentrés tous ensemble et ont laissé leurs affaires partout. Au moment de leur départ, les enfants s'amusent à dire des bêtises. Thien les corrige en indiquant le vrai propriétaire de chaque objet. Remplissez les blancs avec un **adjectif possessif** ou un **pronom possessif** qui correspond au sujet entre parenthèses.*

MODÈLE : HANH : Ce sont _____*mes*_____ chaussettes. (je)

THIEN : Non, ce sont les chaussettes de Mai. Ce sont _____*les siennes*_____. (elle)

HANH : Ce sont _____ chaussures noires, Ahmed. (tu)

THIEN : Non, ce sont les chaussures de Sachielle. Ce sont les _____. (elle)

OUSMANE : Ah, voici _____ parapluie rose ! (je)

THIEN : Non ! Ce parapluie est à moi. C'est le _____. (je)

SACHIELLE : Tiens, Mai et Kim, voilà _____ lunettes. (vous)

THIEN : Mais non ! Ces lunettes sont à toi. Ce sont les _____. (tu)

MAI : Dis donc ! C'est _____ portable ! (elle)

THIEN : Non ! Ce portable est à toi et ta sœur. C'est le _____. (vous)

AHMED : Qu'est-ce que je vois ? Ousmane, c'est _____ cassette-vidéo ! (nous)

THIEN : Allez ! Tu sais que cette vidéo est à nous. C'est la _____ ! (nous)

OUSMANE : Et ces cahiers dans la chambre de Mai et Kim ? Ce sont _____ cahiers ? (elles)

THIEN : Oui. Ce sont les _____. (elles)

3.8 Structures : le participe présent

*Les enfants de la famille Phan sont très actifs et très doués mais aussi parfois assez coquins. François parle de leurs habitudes. Remplissez les blancs en employant le **participe présent** des verbes donnés.*

FRANÇOIS : Mai fait ses devoirs en (attendre) _____ l'autobus et en (parler) _____ au portable. Kim chante en (prendre) _____ sa douche et en (s'habiller) _____ le matin. Par contre, Hanh arrive à jouer ses jeux électroniques en (écouter) _____ de la musique et en (finir) _____ son dîner. Tous les trois adorent aller au parc et ils y vont souvent en (se disputer) _____ et tout en (promettre) _____ d'arrêter. Le soir, en (faire) _____ la cuisine, ma femme et moi, nous rions en (se souvenir) _____ de ce qu'ils ont fait pendant la journée.

3.9 Structures : l'infinitif passé

*Thien descend à l'épicerie avec François qui veut savoir comment vont les affaires. Sa femme lui décrit un couple qui est venu plus tôt dans la journée leur parler d'un vol et cherchant un témoin. Tout d'un coup, François se souvient de ne pas avoir raconté l'histoire de la valise volée à sa femme. Voici ce que François a fait plus tôt dans la journée. Aidez-le à raconter sa journée en décrivant la suite des événements. Employez l'**infinitif passé** et le **passé composé** afin d'enchaîner les événements.*

descendre de l'avion → arriver à la livraison des bagages enregistrés → trouver ma valise → aller aux toilettes → voir un homme qui fouillait une valise verte → réfléchir à la situation → décider d'avertir les policiers → fournir un témoignage → partir de l'aéroport en métro → s'endormir dans le train → rater ma station de correspondance → sortir du métro → prendre un taxi à la maison

MODÈLE : Après ___*être descendu*___ de l'avion, je ___*suis arrivé*___ à la livraison des bagages enregistrés.

Après ___*être arrivé*___ à la livraison des bagages enregistrés, j'___*ai trouvé*___ ma valise.

1. Après _____ ma valise, je/j' _____ aux toilettes.

2. Après _____ aux toilettes, je/j' _____ un homme qui fouillait une valise verte.

3. Après _____ l'homme, je/j' _____ à la situation.

4. Après _____ à la situation, je/j' _____ d'avertir les policiers.

5. Après _____ les policiers, je/j' _____ un témoignage.

6. Après _____ mon témoignage, je/j' _____ de l'aéroport en métro.

7. Après _____ de l'aéroport en métro, je/j' _____ dans le train.

8. Après _____ dans le train, je/j' _____ ma station de correspondance.

9. Après _____ ma station de correspondance, je/j' _____ du métro.

10. Après _____ du métro, je/j' _____ un taxi à la maison.

3.10 Structures : le passé composé et l'imparfait (suite)

La famille Plouffe pense que Claire est folle de poursuivre ce manuscrit. Ses parents ont peur que ce projet de recherche soit trop compliqué et ne comprennent pas pourquoi elle fait confiance à des inconnus comme cette femme créole qui l'a poussée à aller à Paris ou ce jeune homme français qui fait semblant de vouloir l'aider. Marie essaie de calmer ses parents et se souvient d'une anecdote qui explique la personnalité de sa sœur. Conjuguez les verbes entre parenthèses au **passé composé** *ou à l'*imparfait.*

MARIE : Dans une de mes lettres à Claire, je la/l' (décrire) _____ comme intelligente mais aussi un peu bête. Vous vous souvenez de ce qu'elle (faire) _____ tout le temps quand elle (être) _____ petite. Elle (ne... pas / avoir) _____ beaucoup de jouets, mais elle (lire) _____ tout le temps. Comme elle (adorer) _____ ses livres ! Ce n'est qu'une hypothèse, mais je pense qu'à cause de ces livres, Claire (devenir) _____ quelqu'un de très intelligent et très idéaliste. Elle voit toujours le bon côté des choses et elle fait toujours beaucoup trop confiance aux autres.

Vous souvenez-vous du jour où vous lui (demander) _____ d'aller chercher du lait au supermarché ? Elle y (aller) _____ le nez dans son livre. Alors, quand un vieil homme la/l' (frôler) _____ en passant (*brushed against her*), elle (s'excuser) _____ parce qu'elle (ne... pas / comprendre) _____ que cet homme (vouloir) _____ lui piquer son argent. En effet, au moment d'arriver au super-marché, elle (se rendre compte) _____ que son porte-monnaie (ne... plus / être) _____ dans sa poche. Elle (ne... pas / pouvoir) _____ croire qu'un vieil homme ait pu faire cela, et elle (tenir) _____ à l'idée d'avoir perdu son argent quelque part. Donc, elle (passer) _____ tout l'après-midi à chercher l'argent dans la rue ! Bien sûr, elle (ne... pas / le trouver) _____.

Mais enfin, cet incident (ne... pas / changer) _____ le caractère de Claire. Elle (rester) _____ idéaliste et confiante. Je crois que c'est cet idéalisme et cette confiance qui la poussent à poursuivre ce manuscrit, malgré les gens qu'elle rencontre en route.

3.11 Vous rappelez-vous ? les verbes irréguliers au présent

*En France, Claire pense à sa famille presqu'au même moment où ils discutent de son projet de recherche. Elle parle à Jean-Louis de la vie au Québec. Choisissez parmi les verbes suivants et remplissez les blancs en conjuguant le verbe au **présent**. Vous pouvez utiliser quelques verbes plus d'une fois.*

mettre, partir, sortir, tenir (à), admettre, promettre, permettre

CLAIRE : Je _____ à écrire très souvent à ma sœur et de téléphoner régulièrement à mes parents. Ma sœur a un ordinateur dans sa chambre qui lui _____ de lire et d'écrire souvent des courriers. Mes parents _____ toujours d'apprendre à l'utiliser, mais ils ne le font pas. Ils refusent d'accepter l'idée que les nouvelles technologies puissent rendre la communication plus facile. Je/J' _____ qu'il est difficile d'apprendre à utiliser l'ordinateur. C'est beaucoup demander.

JEAN-LOUIS : Et tes parents, est-ce qu'ils _____ souvent en vacances ? J'imagine que la moitié de la population _____ en hiver à la recherche d'un climat plus doux.

CLAIRE : Au contraire ! Nous, les Québécois, nous _____ à célébrer cet aspect de notre vie. En hiver, même quand il fait froid, nous _____ dîner en ville, faire du sport ou bien nous promener. Nous _____ des pulls en laine, des chapeaux et de grands manteaux. Les vieilles dames ne _____ jamais sans leurs fourrures. Ces vêtements chauds nous _____ de rester dehors quand les températures baissent. À Montréal, où j'ai grandi, il y a pourtant un système de tunnels souterrains qui _____ aux gens d'aller d'une partie de la ville à une autre sans sortir.

JEAN-LOUIS : Tiens, mais, c'est génial ! Tu _____ de me montrer ces tunnels la prochaine fois que je visite Montréal ?

CLAIRE : C'est promis.

3.12 Recyclons ! les articles définis et indéfinis et le partitif

Pendant l'absence de sa sœur, Marie Plouffe emprunte parfois ses affaires. Un jour, elle va dans la chambre de sa sœur avec son amie. Voici ce qu'elles y trouvent. Remplissez les blancs avec un **article défini**, *un* **article indéfini**, *le* **partitif** *ou l'article* **de**.

MARIE : Ce week-end, il y a une soirée chez Benoît et il me faut _____ jolie robe. Ma sœur a beaucoup _____ beaux vêtements et nous sommes à peu près de la même taille. Je pense qu'elle a _____ robes dans son armoire. Voyons. . . il n'y a que deux robes et elles sont moches. Mais voici _____ jupe noire. J'adore _____ jupes classiques comme celle-ci. Et voici _____ chemisier en soie. C'est joli, non ? Si je porte _____ jupe noire avec _____ chemisier en soie, est-ce que j'aurai besoin d' _____ gilet ? Je déteste _____ gros gilets en laine. Ils ne sont pas très flatteurs. Mais, tiens ! Claire a laissé son gilet rose en cachemire ! C'est parfait ! Alors, voyons si nous pouvons trouver _____ bijoux et _____ parfum. Je n'ai plus _____ parfum, et _____ parfums en général coûtent très cher. Je suis sûre que ma sœur ne m'en voudrait pas si j'utilisais le sien.

3.13 Culture : quiz culturel

Que savez-vous déjà ? Répondez aux questions ou complétez les phrases suivantes.

1. Paris est. . . ?
   - a. une île sur la Seine
   - b. la capitale du Vietnam
   - c. une ville multiculturelle
   - d. un pays francophone

2. On appelle une partie de la rive gauche « le Quartier latin » parce qu'on y trouve. . . ?
   - a. des restaurants romains
   - b. beaucoup d'immigrants de l'Amérique du sud
   - c. des universités très anciennes
   - d. des gens qui parlent encore latin

3. Chez les bouquinistes, on ne peut pas acheter. . . ?
   - a. des livres anciens
   - b. des gravures rares
   - c. de vieilles affiches
   - d. de beaux gilets

4. Dans un grand magasin, on ne peut pas acheter. . . ?
   - a. des rouleaux de printemps
   - b. des collants
   - c. des foulards
   - d. des cravates

5. Il y a combien d'arrondissements à Paris ?
   - a. 20
   - b. 10
   - c. 19
   - d. 2

6. Le Quartier latin se trouve dans les 5ème et 6ème arrondissements. Dans quels arrondissements se trouve le Marais ?
   - a. le 1er et le 2ème
   - b. le 3ème et le 4ème
   - c. le 7ème et le 8ème
   - d. le 13ème et le 14ème

7. Si on voit quelqu'un qui porte un jean déchiré, des sandales, des lunettes de soleil et une grande chemise à rayures jaunes, rouges et vertes, on dirait que cette personne est. . . ?
   - a. BCBG
   - b. sportif
   - c. baba-cool
   - d. classique

8. Le Vietnam a été une colonie française de. . . ?
   - a. 1215 à 1317
   - b. 1578 à 1669
   - c. 1789 à 1892
   - d. 1857 à 1954

9. Le nom de la bataille qui a mis fin à la guerre d'Indochine était. . . ?
   - a. la bataille de Hô Chi Minh
   - b. la bataille de Diên Biên Phu
   - c. la bataille de Hanoï
   - d. la bataille de Saïgon

10. Saïgon est. . . ?
    - a. la capitale du Vietnam
    - b. le nom d'un chef du parti communiste
    - c. l'ancien nom de la ville de Hô Chi Minh
    - d. au nord du Vietnam

11. Lequel est le monument parisien le plus ancien ?

    a. la cathédrale de Notre-Dame   b. la tour Eiffel

    c. les arènes de Lutèce   d. la Pyramide du Louvre

12. Au 16ème siècle, il y a eu en France une période de grand intérêt pour les arts, pour la littérature classique et pour les nouvelles idées. On a appellé cette période. . . ?

    a. le Moyen Âge   b. la Renaissance

    c. le Siècle des Lumières   d. l'Époque Romantique

13. Pour s'excuser d'une faute, on ne peut pas dire. . . ?

    a. « J'ai fait une bêtise ! »   b. « Je suis navré(e) ! »

    c. « Tu m'en veux ? »   d. « Tu n'as pas honte ? »

14. Un antiquaire passe son temps en. . . ?

    a. dessinant et cousant   b. achetant et vendant

    c. dansant et chantant   d. écrivant et lisant

15. L'Hôtel Quasimodo est nommé ainsi en l'honneur. . . ?

    a. du premier roi de France

    b. d'un personnage d'un roman de Victor Hugo

    c. de l'ancienne maison de Mme de Sévigné

    d. de l'amante de Pierre de Ronsard

3.14 Culture : comparaisons

Imaginez que vous êtes à Paris et que vous voulez acheter des souvenirs et des cadeaux. Faites une liste de quatre ou cinq produits que vous voulez acheter et qui sont, à votre avis, typiquement français. Ensuite, pensez à ce qu'on vend aux touristes qui viennent aux États-Unis. Faites une liste de quatre ou cinq produits que vous pensez être typiquement américains. Ensuite, comparez vos deux listes. Est-ce que les produits « français » s'achètent uniquement en France ? Et les produits « américains », peut-on les trouver ailleurs ? Sont-ils vraiment représentatifs de leur pays ? Pourquoi ou pourquoi pas ?

_____

_____

_____

_____

_____

_____

_____

_____

_____

_____

_____

_____

_____

_____

_____

_____

_____

_____

_____

_____

_____

_____

_____

3.15 Littérature : suite

La Parure de Guy de Maupassant

Imaginez la suite de cette conversation entre Madame Loisel et Madame Forestier, les deux personnages principaux du texte de Maupassant. Comment est-ce qu'elles vont régler cette affaire ? Écrivez un petit dialogue.

_____

_____

_____

_____

_____

_____

_____

_____

_____

_____

_____

_____

_____

_____

_____

_____

_____

_____

_____

_____

_____

_____

■ Activités audiovisuelles

3.16 Avant de regarder : que savez-vous déjà ?

(a) *Que savez-vous déjà de Paris et de sa population multiculturelle ? Avant de regarder la vidéo, répondez aux questions suivantes.*

1. Où se trouve Paris en France ?

   _____

2. Comment est-ce que cette ville est divisée ?

   _____

3. Nommez des monuments et des musées parisiens.

   _____

4. Pour quels produits ou industries Paris est-elle célèbre ?

   _____

5. Quels groupes ethniques se trouvent à Paris ? Pourquoi ?

   _____

(b) *Connaissez-vous les mots suivants ? Lisez les paragraphes suivants et essayez de comprendre le sens des mots en caractères gras (que vous allez entendre dans l'interview). Ensuite, terminez les phrases logiquement.*

1. Après l'université, on espère commencer à travailler. On se destine à une profession ou un **métier**. Le **métier** de Philippe Aucoin, c'est hôtelier. Le **métier** de Jean-Louis Royer, c'est barman (et antiquaire !). Le **métier** qui m'intéresse, c'est _____.

2. Pour fabriquer un produit en grandes quantités, il faut avoir une **usine**. Par exemple, pour fabriquer des voitures, on a besoin d'une **usine** d'automobiles. Pour fabriquer des vêtements, on a besoin d'une **usine** de _____.

3. Il y a une variété de chemises qu'on peut acheter : des chemises avec de longues **manches** ou des chemises avec des **manches** courtes. Au bureau, les hommes portent souvent des chemises à longues **manches**, une cravate et une veste. Mais quand il fait très chaud, il est bon de porter une chemise à **manches** courtes qui est moins formelle. Les t-shirts aussi peuvent avoir de longues **manches** ou des **manches** courtes. Quelquefois, on porte un haut sans **manches**. Moi, aujourd'hui, je porte un vêtement avec _____.

4. Quand on a peur de faire quelque chose, on peut commencer à le faire lentement, petit à petit. C'est-à-dire, qu'on marche à **petits pas**, comme un bébé. On ne **saute** pas dans l'eau, on y met un petit doigt de pied et on entre dans la piscine graduellement. Ces gens sont

plus prudents. Pourtant, il y a des gens qui préfèrent surmonter l'obstacle plus rapidement, tout d'un coup, un faisant un **grand pas** en avant ou en faisant le **grand saut**. Ce sont des gens plus courageux. Moi, je suis plutôt _____. Je préfère surmonter un obstacle en _____.

5. Il y a des gens qui aiment toujours fabriquer à main leurs propres vêtements. Pour faire ceci, il faut savoir **coudre** avec une aiguille et du fil et des morceaux de **tissu** en coton ou en laine. On peut utiliser une machine à **coudre**, qui facilite l'affaire un peu en **cousant** les morceaux de **tissu** plus rapidement. Dans le passé, on **a** souvent **cousu** les vêtements à main, mais aujourd'hui on achète plus souvent des vêtements prêts-à-porter. Moi, comme **tissu** aujourd'hui, je porte _____. Et mon vêtement a été **cousu** par _____.

3.17 Vidéo : profil personnel

Regardez les interviews du Chaptire 3 de votre vidéo « Points de vue » et puis remplissez les blancs des profils personnes en fournissant les détails sur les intervenants que vous y rencontrez.

PRÉNOM :   Véronique

PAYS D'ORIGINE :   _____

PAYS HABITÉS :   _____

RÉSIDENCE ACTUELLE :   _____

LANGUES PARLÉES :   _____

ÉTUDES :   _____

PROFESSION :   _____

VÊTEMENTS PORTÉS :   _____

COULEUR DES CHEVEUX : _____

COULEUR DES YEUX :   _____

PRÉNOM :   Richard

PAYS D'ORIGINE :   _____

PAYS HABITÉS :   _____

RÉSIDENCE ACTUELLE :   _____

LANGUES PARLÉES :   _____

ÉTUDES :   _____

PROFESSION :   _____

VÊTEMENTS PORTÉS :   _____

COULEUR DES CHEVEUX : _____

COULEUR DES YEUX :   _____

3.18 Vidéo : compréhension

(a) *Après avoir regardé le Chapitre 3 de la vidéo, indiquez si les phrases suivantes sont vraies (V) ou fausses (F).*

_____ 1. Véronique est née à Paris.

_____ 2. Véronique est professeur d'allemand.

_____ 3. Richard est d'origine chinoise.

_____ 4. Les parents de Richard sont nés au Cambodge.

_____ 5. Richard n'aime pas voyager.

_____ 6. Véronique trouve que Paris a beaucoup de charme.

_____ 7. À Paris, on trouve des communautés asiatiques, africaines, et nord-africaines.

_____ 8. Richard a habité le 16ème arrondissement à Paris.

_____ 9. Véronique pense que la mode est importante à Paris.

_____ 10. Au travail, les hommes parisiens portent souvent une cravate.

_____ 11. Au travail, les femmes parisiennes peuvent porter un jean et un t-shirt.

_____ 12. Les femmes ont plus de choix en tenue vestimentaire pour le travail.

_____ 13. Véronique avait peur de faire le grand saut (*leap*) et de quitter l'Europe pour venir aux États-Unis.

_____ 14. Dans le premier clip sur « Les vêtements », la femme sénégalaise montre un vêtement adapté au climat chaud de son pays.

_____ 15. Dans le deuxième clip sur « Les vêtements », la femme sénégalaise montre une chemise et un pantalon portés en concert par le célèbre rappeur MC Solaar.

(b) *Après avoir regardé le Chapitre 3 de la vidéo, répondez aux questions ou complétez les phrases suivantes en cochant* (checking off) *tout ce que vous avez entendu.*

1. Les groupes ethniques principaux qu'on trouve à Paris, selon Véronique et Richard, sont d'origine. . . ?

____ africaine   ____ algérienne

____ turque   ____ marocaine

____ tunisienne   ____ vietnamienne

____ chinoise   ____ cambodgienne

2. Les vêtements mentionnés par Véronique et Richard sont. . . ?

____ le pantalon	____ la veste
____ le t-shirt	____ la jupe
____ le costume	____ la cravate
____ les chaussures	____ la chemise
____ le haut	____ le jean
____ la robe	____ les tennis
____ le chapeau	

3.19 Vidéo : structures

*Le passé : Voici un résumé des interviews du Chapitre 3. Après avoir regardé la vidéo, remplissez les blancs avec un verbe de la liste. Attention à mettre les verbes à l'**infinitif passé**, au **passé composé** ou à l'**imparfait**. Vous pouvez utiliser les verbes plus d'une fois.*

avoir, naître, recevoir, aller, déménager *(to move)***, aimer, retourner, être**

Véronique et Richard sont deux personnes qui _____ beaucoup pendant leurs

vies. Après _____ en Allemagne, Véronique _____ en France pour

ses études. Ensuite, après _____ son diplôme en informatique, elle _____

à Boston pour chercher du travail. De toutes les villes, elle _____ le plus vivre à

Paris, qu'elle considère sa ville en France. Richard _____ à Boston, ensuite il

_____ à Abidjan en Côte d'Ivoire. Puis, il _____ à Paris. Après

_____ à Abidjan pour quelques ans, il _____ à Boston pour ses

études universitaires en relations internationales. Il _____ beaucoup habiter à

Paris. Il _____ beaucoup d'amis et son quartier _____ très

animé.

3.20 Vidéo : vocabulaire

Répondez aux questions suivantes d'après ce que vous avez entendu et ce que vous avez vu dans la vidéo. Attention à l'usage des articles et du partitif !

1. Comment est Véronique ? Décrivez-la physiquement.

   _____

2. Comment est Richard ? Décrivez-le physiquement.

   _____

3. Qu'est-ce que Richard porte pour son interview ?

   _____

4. Qu'est-ce qu'un homme parisien porte, typiquement, pour aller au travail ?

   _____

5. Qu'est-ce que Véronique conseille aux femmes de porter au travail ?

   _____

6. Qu'est-ce qu'il faut éviter (ne pas porter) au travail à Paris d'après Véronique ?

   _____

7. Trouvez une tenue (*outfit*) que vous aimez parmi les images des gens parisiens dans la vidéo et décrivez-la.

   _____

   _____

8. Décrivez les vêtements traditionnels sénégalais qu'on montre dans les clips sur « Les vêtements ». Aimeriez-vous les porter ? Pourquoi ou pourquoi pas ?

   _____

   _____

   _____

3.21 Vidéo : culture

Réfléchissez à l'interview avec Véronique et Richard et aux images de Paris que vous avez vues dans cette vidéo. Ensuite, répondez aux questions personnelles.

1. Véronique et Richard sont deux personnes qui ont beaucoup voyagé et qui représentent l'esprit urbaine et multiculturelle de la ville de Paris aujourd'hui. Chacun a des souvenirs de Paris. Pour Véronique, c'est le charme des bâtiments historiques. Pour Richard, c'est son quartier animé avec beaucoup de magasins et de restaurants asiatiques. À votre avis, est-ce que leurs impressions de Paris sont stéréotypiques ou est-ce qu'elles sont représentatives de cette ville aujourd'hui ?

   _____

   _____

   _____

   _____

2. D'après Véronique et Richard, la mode est très importante à Paris, où l'on demande aux gens d'être habillés « correctement ». Expliquez cette idée et comparez la mentalité parisienne à celle de votre ville américaine. Trouvez-vous des similarités ou des différences dans cette mentalité?

   _____

   _____

   _____

3. Dans le clip sur « Les vêtements » à la fin de ce chapitre, la femme sénégalaise explique l'importance culturelle du vêtement « MC ». De quels aspects de la culture sénégalaise parle-t-elle ? Est-ce que les vêtements américains portent des symboles ou des images culturelles ? Nommez quelques-uns et comparez leur signifiance avec le vêtement sénégalais.

   _____

   _____

   _____

   _____

Une famille francophone

POUR RÉVISER

Activités orales

4.1 Comment dire : décrire les gens (le caractère)
4.2 Comment dire : exprimer son désaccord et se réconcilier
4.3 Comment dire : exprimer la nostalgie (dictée)

Activités écrites

4.4 Vocabulaire : la famille
4.5 Structures : les adjectifs et pronoms démonstratifs
4.6 Structures : les adjectifs et pronoms interrogatifs
4.7 Structures : le plus-que-parfait
4.8 Vous rappelez-vous ? les verbes irréguliers au présent
4.9 Recyclons ! le pronom possessif
4.10 Culture : quiz culturel
4.11 Culture : comparaisons
4.12 Littérature : Suite

Activités audiovisuelles

4.13 Avant de regarder : que savez-vous déjà ?
4.14 Vidéo : profil personnel
4.15 Vidéo : compréhension
4.16 Vidéo : structures
4.17 Vidéo : vocabulaire
4.18 Vidéo : culture

■ **Activités orales**

4.1 Comment dire : décrire les gens (le caractère)

Talal Lateef a une famille nombreuse. Écoutez lorsque le narrateur, un ami de Talal, vous décrit ses parents. Répétez à haute voix la phrase descriptive que vous entendez (avec enthousiasme et en faisant attention à votre prononciation) et ensuite remplissez les blancs avec les adjectifs qui décrivent le caractère des individus mentionnés.

MODÈLE : Vous entendez : « Sa fille Karine est une jeune femme intelligente et indépendante. »

Vous répétez : « Sa fille Karine est une jeune femme intelligente et indépendante. »

Vous écrivez : Sa fille : _____*jeune, intelligente, indépendante*_____

1. Son fils : _____

2. Son frère : _____

3. Ses sœurs : _____

4. Sa femme : _____

5. Ses neveux : _____

6. Sa belle-sœur : _____

4.2 Comment dire : exprimer son désaccord et se réconcilier

Vous discutez avec une vieille dame que vous venez de rencontrer à Paris et elle exprime ses opinions à propos de la famille moderne. Écoutez les opinions et choisissez la réponse (a) ou (b) d'après les indications données. Prononcez votre réponse à haute voix et puis répétez la bonne réponse (avec enthousiasme et en faisant attention à votre prononciation) après le narrateur.

MODÈLE : Vous entendez : « La famille traditionnelle n'existe plus. » *Vous n'êtes pas d'accord !*
Vous dites : « À la rigueur, on peut dire qu'elle a changé. »
Vous entendez : « À la rigueur, on peut dire qu'elle a changé. »
Vous répétez : « À la rigueur, on peut dire qu'elle a changé. »

1. *Vous n'êtes pas d'accord !*
   a. À la rigueur, on peut dire qu'elle a changé.
   b. Je vois ce que vous voulez dire.

2. *Réconciliez-vous !*
   a. Vous avez peut-être raison.
   b. À quoi bon critiquer les enfants ?

3. *Vous n'êtes pas d'accord !*
   a. Attendez, je ne suis pas tout à fait d'accord !
   b. Cette idée a ses bons côtés.

4. *Vous n'êtes pas d'accord !*
   a. Il faut considérer la chose sous tous ses aspects.
   b. Mais, ce n'est pas possible !

5. *Réconciliez-vous !*
   a. Je comprends ce que vous voulez dire.
   b. Mais non ! Vous avez tort !

6. *Réconciliez-vous !*
   a. C'est bien dit. Je suis tout à fait d'accord avec vous.
   b. Il ne s'agit pas de cela !

4.3 Comment dire : exprimer la nostalgie (dictée)

Voici un paragraphe d'une lettre que la mère de Talal lui a écrit et dans laquelle elle parle du bon vieux temps. La première fois, écoutez attentivement. La deuxième fois, le paragraphe sera lu plus lentement. En écoutant, écrivez chaque phrase exactement comme vous l'entendez. La troisième fois, écoutez encore en relisant ce que vous avez écrit pour vérifier votre transcription.

■ Activités écrites

4.4 Vocabulaire : la famille

La vieille dame que vous avez rencontrée à Paris parle de sa famille. Voici la description de plusieurs de ses parents. Lisez le paragraphe et répondez aux questions en choisissant le meilleur mot de vocabulaire ou expression pour décrire les liens de famille.

MODÈLE :   Qui est têtu ?

   Son neveu est têtu.

Le fils de mon frère est très têtu. Mon frère s'est marié très jeune avec une femme très sensible que j'aime beaucoup. Ils ont eu trois enfants : un fils et deux filles. Les deux filles sont adorables. Mon mari et moi, nous n'avons pas de fille, mais je suis la marraine de la fille de nos voisins. C'est une jeune femme très énergique. J'ai deux fils qui sont mariés. La femme de l'aîné est très gentille. Elle me rend souvent visite. Le cadet et sa femme ont des fils jumeaux qui sont tous deux fantastiques. La mère de mon mari habite avec nous. C'est une femme insupportable ! Son mari était un homme très généreux. Il est décédé il y a bien des années.

1. Qui est têtu ? _____

2. Qui est sensible ? _____

3. Qui est adorable ? _____

4. Qui est énergique ? _____

5. Qui est gentille ? _____

6. Qui est fantastique ? _____

7. Qui est insupportable ? _____

8. Qui était généreux ? _____

4.5 Structures : les adjectifs et pronoms démonstratifs

(a) *La vieille dame sort des photos de sa famille et vous les montre. Remplissez les blancs avec la forme appropriée de l'adjectif démonstratif.*

—Regardez. _____ photos sont des photos récentes. Vous voyez _____ jeune femme ? C'est la femme de mon fils aîné. _____ homme-là, c'est son père et _____ jeune homme est son frère. _____ maison-là est la maison des parents de ma belle-fille. Ah ! Voici une photo de mon fils. _____ chiens sont les siens, mais _____ chat-là n'est pas à lui. Voyez-vous _____ deux jolies filles ? Ce sont les nièces de mon fils.

(b) *La vieille dame continue à vous montrer ses photos. Remplissez les blancs avec la forme appropriée du pronom démonstratif.*

—Voici de belles photos ! _____-ci est une photo de toute la famille à Noël l'année dernière et _____-là est une autre photo de mes enfants et de mes petits-enfants. Vous voyez l'homme en bleu ? C'est le fils de mon frère, _____ qui est têtu. Et les deux filles, _____ qui sont à gauche, ce sont ses sœurs. Ah ! Ces deux hommes-là, _____ qui sourient, ce sont mes fils. _____ qui est plus grand, c'est le cadet. _____ qui est plus petit, c'est l'aîné. La vieille femme, _____ qui est assise au centre, c'est la mère de mon mari. Vous voyez comme elle a l'air sévère ?

4.6 Structures : les adjectifs et pronoms interrogatifs

(a) *Vous en avez marre de regarder les photos de la famille de cette dame bavarde, mais vous voulez profiter de la situation afin d'apprendre un peu plus sur la vie à Paris. Alors, vous lui posez des questions. Formez des questions afin d'obtenir les renseignements suivants. Employez un adjectif interrogatif.*

MODÈLE :   son restaurant préféré
  Quel restaurant préférez-vous ?

1. sa boulangerie préférée

   _____

2. le magasin qu'elle fréquente le plus souvent

   _____

3. le café qu'elle aime le mieux

   _____

4. ses jardins préférés

   _____

5. les pâtisseries qu'elle aime acheter pour ses petits-enfants

   _____

6. le musée qu'elle trouve le plus intéressant

   _____

(b) *La vieille dame répond à vos questions en indiquant deux choix possibles. Vous voulez qu'elle choisisse l'un des deux. Posez encore des questions afin de connaître ses préférences. Employez un pronom interrogatif.*

MODÈLE : le restaurant Chez Plumeau ou L'Auberge de la Reine
Lequel préférez-vous ?

1. la boulangerie Antoine ou la boulangerie Miel

_____

_____

2. le magasin Monoprix ou le magasin Champion

_____

_____

3. le Café de la Paix ou le café des Deux Magots

_____

_____

4. le Jardin du Luxembourg ou le Jardin des Plantes

_____

_____

5. les mille-feuilles ou les tartelettes aux abricots

_____

_____

6. le musée de l'Orangerie ou le musée Rodin

_____

_____

4.7 Structures : le plus-que-parfait

(a) *Talal Lateef se sent un peu mal à l'aise à cause du départ soudain de son ami, Nicolas Gustave. Il repense aux événements de la journée et à la visite des hommes dans la voiture grise ces deux derniers jours. De plus, il se demande s'il a bien fait de raconter cette histoire à Claire et à Jean-Louis. Il a des regrets. Conjuguez les verbes dans les phrases suivantes au* **plus-que-parfait**.

1. Si seulement je (parler) _____ à Nicolas après la visite des hommes dans la voiture grise !

2. Si seulement Nicolas (s'arrêter) _____ pour bavarder avant de partir ce jour-là !

3. Si les deux hommes (ne. . . pas / acheter) _____ un journal, je ne les aurais pas remarqués.

4. Si ces deux jeunes gens (ne. . . pas / venir) _____ me poser des questions, je n'aurais pas trouvé bizarre son absence.

5. Si seulement ils (ne. . . pas / être) _____ si gentils ! J'aurais peut-être gardé le silence.

6. Si seulement j' (avertir) _____ Monsieur Gustave ! Mais il n'est peut-être pas trop tard. Je vais appeler le vieux Gustave.

(b) *Talal rentre à la maison et raconte tout ce qui s'est passé à sa femme. Conjuguez les verbes entre parenthèses au* **passé composé***, à l'***imparfait** *ou au* **plus-que-parfait***.*

Quelle journée ! Ce matin, je (arriver) _____ au kiosque à six heures, comme d'habitude. J' (ouvrir) _____ le kiosque et j' (ranger) _____ les journaux. Il (faire) _____ beau et tout (aller) _____ bien. Les gens (acheter) _____ leurs journaux comme d'habitude. Soudain, deux jeunes gens, une jeune femme avec un accent et un homme en costume, (commencer) _____ à me poser des questions à propos de Nicolas Gustave. À vrai dire, je (remarquer) _____ plus tôt dans la journée que son étalage (être) _____ fermé. Quand ces deux personnes m'(interpeller) _____, je (se souvenir) _____ d'une rencontre un peu bizarre entre Nicolas et deux hommes dans une voiture grise qui a eu lieu hier. Ces deux hommes (venir) _____ au kiosque deux jours auparavant et ils (discuter) _____ avec Nicolas. Alors, quand ils (revenir) _____ hier matin, je (se rappeler) _____ que Nicolas, lors de la première conversation avec l'homme principal, (être) _____ tout agité. Enfin, j' (répondre) _____ à toutes leurs questions et les deux jeunes gens (partir) _____. Ensuite, j' (avoir) _____ des regrets d'avoir tout dit à ces deux inconnus et je (téléphoner) _____ au vieux Gustave. Enfin, Nicolas (partir) _____ en vacances et le vieux Gustave (dire) _____ cela aux deux jeunes gens. Ils lui (rendre) _____ visite l'après-midi. Enfin, il semble que ce sont des chercheurs qui veulent acheter un manuscrit mais ils vont devoir attendre le retour de Nicolas. Alors, en fin de compte, tout va bien. Je (s'inquiéter) _____ pour rien.

4.8 Vous rappelez-vous ? les verbes irréguliers au présent

(a) *Ahmed, le fils de Talal, raconte l'intrigue d'un film policier qu'il a vu récemment. Choisissez parmi les verbes suivants et remplissez les blancs en conjuguant le verbe au* **présent**. *Vous allez utiliser les verbes plus d'une fois.*

suivre, fuir, conduire, s'enfuir *(to run away, escape)*

—Le personnage principal est un jeune homme qui _____ des cours à l'université. Il veut devenir ingénieur. Le wee-kend, il travaille à la boucherie de son père. Il _____ le camion de son père et fait des livraisons à domicile dans des quartiers très chic. Un jour, il remarque qu'il y a deux hommes qui le _____ partout. Ils _____ une petite voiture blanche. Il le trouve bizarre, mais il ne sait pas quoi faire. Un jour, il en a marre et il _____ son camion très rapidement et il a un accident sur l'autoroute. Quand les deux hommes sortent de leur voiture blanche, il comprend que ce sont des flics *(cops)* et, sans raison, il décide de décamper. Il _____ la scène de l'accident à pied. Les flics _____ le jeune homme, pensant qu'il est coupable d'être vendeur de drogues aux gens riches du beau quartier, ce qu'il n'est pas. À la fin du film, le jeune homme, qui est innocent, se rend aux flics. Quand il apprend pourquoi les flics le suiviaient avant l'accident, il s'échappe de la prison et il _____ .

(b) *Connaissez-vous la différence entre les verbes* **connaître** *et* **savoir** *? Savez-vous employer ces deux verbes ? Talal et Ahmed parlent de leurs goûts. Remplissez les blancs en choisissant entre ces deux verbes et en conjuguant le verbe au présent.*

TALAL : Est-ce que tu _____ des cinéastes algériens ? Il y en a beaucoup. Le cinéma algérien est très intéressant.

AHMED : Papa, je _____ que tu aimes beaucoup ces films parce qu'ils te rappellent ta jeunesse en Algérie, mais moi, j'aime les films policiers, les comédies et les films d'aventure.

TALAL : Ah, les jeunes ! Vous ne _____ pas combien nous avons sacrifié afin de vous donner la vie que vous menez aujourd'hui. Est-ce que les professeurs à l'université vous parlent de l'histoire de notre pays ? Est-ce qu'ils _____ ce qui s'est passé pendant l'époque coloniale et au moment de la décolonisation ? Est-ce qu'ils _____ notre histoire et notre culture ?

AHMED : Oui, papa. Mais, moi, je me spécialise en médecine. On n'étudie pas ces matières-là.

TALAL : Alors, c'est à toi de t'instruire de la culture maghrébine, celle de tes ancêtres. Il faut que tu regardes des films algériens et que tu lises des auteurs maghrébins. Est-ce que tu _____ l'œuvre d'Assia Djebar ? de Kateb Yacine ? d'Albert Memmi ? Est-ce que tu _____ qu'Assia Djebar a fait des films elle aussi ? Est-ce que tu _____ les villes d'Alger, de Rabat ou de Tunis ? Est-ce que tu _____ qu'on peut apprendre beaucoup sur les cultures arabes à l'Institut du Monde Arabe ici à Paris ?

AHMED : Papa, s'il te plaît ! Je vois ce que tu veux dire, mais je suis fatigué. Pouvons-nous en parler un autre jour ? Je promets de tout apprendre sur notre culture un jour.

4.9 Recyclons ! le pronom possessif

Karine et Ahmed essaient d'étudier dans le salon de leur appartement. Ils se disputent un peu à propos de leurs affaires. Jouez le rôle de Karine et posez des questions à propos des affaires dans le salon suivant les indications données. Dans chaque question, employez un pronom interrogatif, un pronom possessif et des pronoms démonstratifs !

MODÈLE : cahier / à toi ?

Lequel est le tien, celui-ci ou celui-là ?

1. stylos / à moi ? _____

2. bouquin / à Papa ? _____

3. chaussures / à Maman ? _____

4. journal / à nous ? _____

5. CDs / à toi et tes amis ? _____

6. magazine / à Maman et Papa ? _____

4.10 Culture : quiz culturel

Que savez-vous déjà ? Répondez aux questions suivantes.

1. Quelle ville ne se trouve pas au Maghreb ?

   a. Marseille   b. Casablanca   c. Tunis   d. Alger

2. Laquelle n'est pas une caractéristique de tous les pays du Maghreb ?

   a. Ils se trouvent au Moyen-Orient.

   b. Ils sont devenus indépendants dans les années 60.

   c. Ils ont tous été des colonies de la France.

   d. Ils ont tous été influencés par la culture arabe.

3. Traditionnellement, la plupart des Français s'identifient avec la religion. . . ?

   a. islamique   b. juive   c. protestante   d. catholique

4. La plus grande population d'immigrés en France aujourd'hui est la population. . . ?

   a. vietnamienne   b. irlandaise   c. maghrébine   d. haïtienne

5. La guerre d'indépendance algérienne a commencé. . . ?

   a. avant la Révolution haïtienne   b. avant la bataille de Diên Biên Phu

   c. avant l'indépendance du Maroc   d. avant la Seconde Guerre mondiale

6. Les « harkis » et les « pieds noirs » étaient. . . ?

   a. des partisans du FLN   b. des partisans de la France

   c. des peuples indigènes du Maghreb   d. des peuples islamiques

7. Quel monument ou quartier se trouve sur la rive droite ?

   a. Montmartre   b. le Quartier latin

   c. la tour Eiffel   d. la cathédrale de Notre-Dame

8. Qu'est-ce que c'est que le Palais-Royal ?

   a. un grand château privé   b. une cour avec un jardin

   c. un théâtre   d. un restaurant parisien

9. Le Minitel est. . . ?

   a. un guichet à la poste   b. un magasin d'annuaires (*phone books*)

   c. une technologie similaire à l'internet   d. aucune de ces réponses

10. Avant de mourir, Édith Piaf. . . ?

    a. avait été reine de Monaco   b. avait chanté à Paris

    c. avait dansé au Moulin-Rouge   d. avait été l'arrière-grand-mère de Lionel Gustave

11. La tante de votre neveu ne peut pas être. . . ?

    a. la sœur de votre père   b. votre sœur

    c. la femme de votre frère   d. vous-même (si vous êtes une femme)

12. Votre belle-mère est. . . ?

    a. la deuxème femme de votre père   b. la deuxème femme du père de votre époux/se

    c. la mère de votre époux/se   d. toutes ces réponses sont possibles

13. Quelqu'un qui est têtu n'aime pas. . . ?

    a. les jeux stupides   b. les animaux familiers

    c. changer son opinion   d. changer de vêtements

14. Quelqu'un qui est naïf est. . . ?

    a. prudent   b. sophistiqué   c. crédule   d. timide

15. Dans un kiosque, on ne peut pas acheter. . . ?

    a. des magazines   b. des livres anciens

    c. des journaux   d. des plans

4.11 Culture : comparaisons

Relisez le « Récit » de l'Épisode 1 du texte, dans lequel il y a une description de la famille nucléaire de Talal Lateef. Faites des esquisses de l'arbre généalogique de sa famille et de la vôtre aussi. Indiquez le caractère de chaque individu, ses études ou sa profession, si vous les connaissez. Ensuite, écrivez quelques phrases pour comparer votre famille à la famille Lateef. Y a-t-il des similarités et des différences ?

la famille de Talal Lateef   **votre famille**

_____

_____

_____

_____

_____

_____

_____

_____

_____

_____

_____

_____

_____

_____

_____

_____

_____

_____

_____

_____

_____

_____

4.12 Littérature : suite

Femmes d'Alger dans leur appartement d'Assia Djebar

Imaginez une conversation entre vous et les filles du hazab. Avez-vous des questions à leur poser à propos de leur famille ? Voulez-vous les encourager à raconter une anecdote ? Allez-y ! Écrivez un petit dialogue entre vous et les personnages du texte.

_____

_____

_____

_____

_____

_____

_____

_____

_____

_____

_____

_____

_____

_____

_____

_____

_____

_____

_____

_____

_____

_____

■ Activités audiovisuelles

4.13 Avant de regarder : que savez-vous déjà ?

(a) *Que savez-vous déjà de l'Algérie ? Avant de regarder la vidéo, répondez aux questions suivantes.*

1. Où se trouve l'Algérie ?

   _____

2. Quelle est la capitale de l'Algérie ?

   _____

3. Quelles sont les langues officielles de ce pays ?

   _____

4. Quand a eu lieu la Révolution algérienne ?

   _____

5. Contre qui est-ce que les Algériens ont fait la révolution ? Pourquoi ?

   _____

   _____

   _____

6. Que savez-vous de la culture algérienne ?

   _____

   _____

   _____

   _____

(b) *Connaissez-vous les mots suivants ? Lisez les paragraphes suivants et essayez de comprendre le sens des mots en caractères gras (que vous allez entendre dans l'interview). Ensuite, terminez les phrases logiquement.*

1. Quand on travaille dans le secteur public, on travaille pour l'**Administration** ; c'est le gouvernement. Quand on travaille dans le secteur privée, on travaille pour une organisation ou une compagnie dirigée par des citoyens privés. Moi, j'aimerais travailler

   _____ parce que _____ .

2. Les ingénieurs étudient les maths, la physique, et ils se spécialisent en un type de **génie**. On peut étudier le **génie** mécanique et développer des machines. Ou on peut étudier le **génie** électrique et développer des systèmes électriques. Les ingénieurs qui développent les avions et les vaisseaux qui voyagent dans l'espace sont des ingénieurs en **génie** aérospatial. On peut étudier le **génie civil** et développe des autoroutes pour une ville ou une région. Les ingénieurs en génie civil peuvent aussi développer

   _____ .

3. Pour accomplir quelque chose, il faut d'abord commencer et ensuite **faire les démarches** pour avancer. Par exemple, pour préparer un bon dîner, il faut **faire les démarches** : acheter les provisions, nettoyer les légumes, faire cuire les ingrédients, etc. En ce moment, votre but est d'apprendre le français. Alors, vous **faites les démarches** en

   _____ et _____ .

4. Quand un vieux membre de la famille meurt, il laisse un **héritage** aux jeunes générations, les héritiers. Cet **héritage** peut être un bien, comme une belle table en bois ou un chandelier en cristal ou de l'argent. Mais cet **héritage** peut aussi être moins tangible, comme une philosophie, un souvenir, une façon de vivre ou une tradition. Mon héritage le plus précieux, que je reçois de ma famille, c'est _____ .

4.14 Vidéo : profil personnel

Regardez l'interview du Chaptire 4 de votre vidéo « Points de vue » et puis remplissez les blancs du profil personnel en fournissant les détails sur l'intervenant que vous y rencontrez.

PRÉNOM :   Smaïn

PAYS D'ORIGINE : _____

RÉSIDENCE ACTUELLE : _____

LANGUES PARLÉES : _____

RELIGION : _____

ÉTUDES : _____

PROFESSION : _____

CARACTÉRISTIQUES PHYSIQUES : _____

_____

CARACTÈRE : _____

SITUATION FAMILIALE : _____

4.15 Vidéo : compréhension

Après avoir regardé le Chapitre 4 de la vidéo, répondez aux questions suivantes en cochant (checking off) tout ce qui est vrai.

1. Les langues parlées en Algérie, d'après Smaïn, sont. . . ?

    _____ l'anglais   _____ l'arabe

    _____ le français   _____ le tamazirt (langue de la région berbère de Kabylie)

    _____ l'espagnol

2. D'après Smaïn, le français est une langue utilisée pour. . . ?

    _____ les affaires   _____ le gouvernement

    _____ l'éducation   _____ la religion

    _____ la vie familiale

3. En parlant des études, Smaïn mentionne. . . ?

    _____ l'école primaire   _____ le lycée

    _____ l'université   _____ les études supérieures

    _____ le doctorat

4. Smaïn dit qu'il est venu aux États-Unis pour. . . ?

_____ se refaire

_____ trouver des opportunités de travail

_____ être avec sa famille

_____ découvrir une nouvelle culture

_____ approfondir ses connaissances en management

5. En parlant des professions de ses frères, Smaïn mentionne les professions de. . . ?

_____ plombier   _____ agriculteur

_____ artiste   _____ professeur

_____ administrateur   _____ pompier

6. Smaïn parle de son père, qui a participé à quelles guerres. . . ?

_____ la Première Guerre mondiale   _____ la Seconde Guerre mondiale

_____ la guerre d'Indochine   _____ la Révolution haïtienne

_____ la Révolution algérienne

7. Pour Smaïn, être Algérien, c'est. . . ?

_____ être africain   _____ être arabe

_____ être musulman   _____ être francophone

_____ être héritier des valeurs morales et spirituelles des révolutionnaires algériens

8. En parlant de ce qui lui manque de l'Algérie, Smaïn mentionne. . . ?

_____ ses enfants   _____ sa femme

_____ ses parents   _____ ses amis

_____ la cuisine   _____ les traditions

_____ ses frères et sœurs

9. Dans les trois clips sur « La famille », on mentionne quels membres de la famille. . . ?

_____ une femme   _____ un mari

_____ des parents   _____ des cousins

_____ des tantes et des oncles   _____ des grands-parents

4.16 Vidéo : structures

(a) Le passé : *Voici un résumé de l'interview du Chapitre 4. Après avoir regardé la vidéo, remplissez les blancs en mettant les verbes entre parenthèses au* **passé composé,** *à l'***imparfait,** *ou au* **plus-que-parfait.**

Smaïn (étudier) _____ le « corporate management » en France, à Lyon. C'(être) _____ le début de sa carrière en business. Ensuite, il (retourner) _____ en Algérie où il (travailler) _____ pendant de longues années dans l'administration. Avant de trouver cet emploi dans l'administration, il (travailler) _____ comme ingénieur en génie civile et construction. Enfin, il (rester) _____ en Algérie jusqu'au moment où il (avoir) _____ la chance d'immigrer aux États-Unis : apparemment, il (gagner) _____ à la loterie d'immigration ! Alors, il (quitter) _____ sa femme et ses enfants, et il (venir) _____ à Boston en 2004 pour chercher du travail. Il (se marier) _____ quinze ans avant de quitter son pays. Smaïn et sa femme (donner) _____ naissance à trois garçons. Pourtant, Smaïn ne / n' (vouloir) _____ pas emmener toute la famille à Boston avant de trouver du travail. Il (devoir) _____ penser à ses enfants, qui (être) _____ toujours à l'école en Algérie et qui ne / n' (savoir) _____ pas parler anglais. Au moment de l'interview, il ne / n' (regretter) _____ pas sa décision, mais sa famille lui (manquer) _____.

(b) Les adjectifs et pronoms interrogatifs : *Après avoir regardé la vidéo, imaginez les questions qui ont produit les réponses suivantes. Remplissez les blancs avec un* **adjectif** *ou* **pronom interrogatif.**

1. _____ de vos enfants est l'enfant aîné ?

   —Sadine, il a 14 ans. Ahmed, il a 12 ans, et Sam il a 10 ans.

2. _____ sont les langues officielles en Algérie ?

   —Il y a la langue arabe qui est la langue officielle de tous les Algériens. Il y a aussi le tamazirt, c'est la langue kabyle qui vient d'être officialisée en tant que langue officielle.

3. _____ religions sont pratiquées en Algérie ?

   —Il y a la religion islamique qui est la religion officielle de l'état algérien et qui est la religion, je pense, de l'ensemble des Algériens.

4. De tous vos frères, _____ sont mariés ?

   —Il sont tous mariés et ont des enfants.

5. _____ est professeur ?

   —Il y a mon frère Youssef. . . il est, lui, professeur d'arabe au collège.

6. Dans _____ guerres est-ce que votre père a participé ?

   —Il a participé à la guerre contre le nazisme en France lors de l'Occupation. Et il a aussi participé à la guerre de libération nationale.

7. De tous les films algériens, _____ raconte le mieux l'histoire algérienne ?

   —Oh, la Bataille d'Alger. . . je considère que c'est non seulement un film, c'est beaucoup plus un héritage pour la nation algérienne.

8. En ce qui concerne la cuisine algérienne, _____ plat vous manque le plus ?

   —Le couscous ! Et tous les plats que nous trouvons là-bas et que nous ne trouvons pas ici.

4.17 Vidéo : vocabulaire

Répondez aux questions suivantes d'après ce que vous avez entendu et ce que vous avez vu dans la vidéo.

1. Pensez à la famille de Smaïn. Combien d'enfants a-t-il ?

   _____

2. Combien de tantes et combien d'oncles ont les enfants de Smaïn ? À peu près combien de cousins ont-ils ?

   _____

3. Comment sont les parents de Smaïn ? Depuis combien de temps sont-ils mariés ?

   _____

4. Décrivez la famille nucléaire de l'homme martiniquais dans le premier clip sur « La famille. »

   _____

5. Décrivez la famille nucléaire de Richard, le jeune homme asiatique dans le deuxième clip.

   _____

6. La femme française dans le troisième clip parle de plusieurs séjours en Provence, chez les parents de qui ?

   _____

4.18 Vidéo : culture

Réfléchissez à l'interview avec Smaïn et aux images de l'Algérie que vous avez vues dans cette vidéo. Ensuite, répondez aux questions personnelles.

1. Quel est le rapport entre Smaïn et sa famille en Algérie ? Semble-t-il que la famille soit une chose importante dans la culture algérienne ? Quelles sont les différences et les similarités entre la famille de Smaïn et la vôtre ?

   _____

   _____

   _____

   _____

2. Quand Smaïn parle de son pays, il a l'air d'être très fier de sa culture et il a l'air assez nostalgique. De quels aspects de sa vie en Algérie parle-t-il avec fierté et nostalgie ? Est-ce que ce sont les mêmes choses auxquelles vous penseriez si vous travailliez à l'étranger ? Expliquez.

   _____

   _____

   _____

   _____

3. Tout comme Guimy, l'Haïtien du Chapitre 2, Smaïn parle beaucoup de la Révolution algérienne. Qu'est-ce qu'il dit de cette guerre ? Est-ce que sa mentalité envers la guerre est typique, à votre avis, des descendants de révolutionnaires ? Quelle est votre mentalité par rapport à la Révolution américaine ?

   _____

   _____

   _____

   _____

Les conseils d'un Français

POUR RÉVISER

Activités orales

Activités écrites

Activités audiovisuelles

■ Activités orales

5.1 Comment dire : parler des actualités

Vous êtes à Paris et vous écoutez les infos à la radio. Écoutez les descriptions des actualités du jour. Ensuite, indiquez sous quelle rubrique (heading) on doit classer chaque événement en entourant la bonne rubrique.

1. la politique	le crime	les affaires	la météo	les sports	la culture
2. la politique	le crime	les affaires	la météo	les sports	la culture
3. la politique	le crime	les affaires	la météo	les sports	la culture
4. la politique	le crime	les affaires	la météo	les sports	la culture
5. la politique	le crime	les affaires	la météo	les sports	la culture
6. la politique	le crime	les affaires	la météo	les sports	la culture

5.2 Comment dire : montrer l'intérêt ou l'indifférence

Par hasard, vous rencontrez Claire Plouffe dans un café à Paris. Elle vous reconnaît de la Nouvelle-Orléans et commence une conversation avec vous au sujet des actualités. Écoutez ce qu'elle vous dit et choisissez la réponse (a) ou la réponse (b) selon les indications. Prononcez votre réponse à haute voix et puis répétez la bonne réponse (avec enthousiasme et en faisant attention à votre prononciation) après le narrateur.

MODÈLE :   Claire : « Finalement, la bourse rebondit ! » *Montrez votre intérêt* !

Vous dites : « Ça alors ! C'est incroyable ! »

Vous entendez : « Ça alors ! C'est incroyable ! »

Vous répétez : « Ça alors ! C'est incroyable ! »

1. *Montrez votre intérêt* !
   a. Ça alors ! C'est incroyable !
   b. Ça arrive, ces choses-là.

2. *Montrez votre indifférence.*
   a. Tant pis. . .
   b. Dis donc !

3. *Montrez votre indifférence.*
   a. Ce n'est pas mon truc.
   b. C'est bien intéressant !

4. *Montrez votre intérêt* !
   a. Comme c'est curieux !
   b. Que voulez-vous ?

5. *Montrez votre indifférence.*
   a. Cela ne m'intéresse pas.
   b. Racontez-moi tout !

6. *Montrez votre indifférence.*
   a. Tiens, tiens !
   b. Je n'y suis pour rien.

5.3 Comment dire : décrire le temps (dictée)

Claire a un journal et elle vous lit la météo pour la région parisienne. Vous allez entendre le paragraphe trois fois. La première fois, écoutez attentivement. La deuxième fois, le paragraphe sera lu plus lentement. En écoutant, écrivez chaque phrase exactement comme vous l'entendez. La troisième fois, écoutez encore en relisant ce que vous avez écrit pour vérifier votre transcription.

_____

_____

_____

_____

_____

_____

_____

_____

_____

_____

_____

_____

_____

_____

_____

_____

_____

_____

_____

_____

_____

_____

5.4 Comment dire : apprendre une nouvelle à quelqu'un

Toujours au café, vous écoutez lorsque les autres clients se parlent. Il y en a qui apprennent des nouvelles à leurs amis. Écoutez et répétez les phrases à haute voix, après le narrateur, en faisant attention à votre prononciation et à votre intonation. Ensuite, indiquez si la personne qui parle va apprendre une bonne nouvelle ou une mauvaise nouvelle à son interlocuteur.

MODÈLE :   Vous entendez : « Tu ne vas pas me croire ! C'est fantastique ! »

              Vous répétez : « Tu ne vas pas me croire ! C'est fantastique ! »

              Vous marquez : _____*x*_____ une bonne nouvelle

1. _____ une bonne nouvelle _____ une mauvaise nouvelle

2. _____ une bonne nouvelle _____ une mauvaise nouvelle

3. _____ une bonne nouvelle _____ une mauvaise nouvelle

4. _____ une bonne nouvelle _____ une mauvaise nouvelle

5. _____ une bonne nouvelle _____ une mauvaise nouvelle

6. _____ une bonne nouvelle _____ une mauvaise nouvelle

5.5 Comment dire : exprimer son opinion et donner des conseils

Le propriétaire du café commence à parler au serveur. Vous écoutez lorsqu'il exprime son opinion et donne des conseils au serveur. Écoutez et répétez les phrases à haute voix, après le narrateur, en faisant attention à votre prononciation et à votre intonation. Ensuite, indiquez si la personne qui parle exprime une opinion ou donne un conseil à son interlocuteur.

MODÈLE :   Vous entendez : « Il me semble que vous êtes toujours en retard. »

              Vous répétez : « Il me semble que vous êtes toujours en retard. »

              Vous marquez : _____*x*_____ une opinion

1. _____ une opinion _____ un conseil

2. _____ une opinion _____ un conseil

3. _____ une opinion _____ un conseil

4. _____ une opinion _____ un conseil

5. _____ une opinion _____ un conseil

6. _____ une opinion _____ un conseil

■ Activités écrites

5.6 Vocabulaire : les actualités et le temps

Voici quelques expressions que vous trouvez dans le journal que vous êtes en train de lire dans un café à Paris. Quels autres mots de vocabulaire associez-vous à ces expressions ? Faites une liste de quatre ou cinq mots que vous associez aux expressions suivantes.

1. un ouragan : _____

2. un procès : _____

3. une manifestation : _____

4. le chômage : _____

5. une exposition d'art : _____

6. une vague de froid : _____

5.7 Structures : les adverbes

*Au café, les clients parlent des actualités. Voici quelques-unes de leurs observations. Ajoutez à chaque phrase un **adverbe** dérivé de l'adjectif entre parenthèses.*

1. Les Brésiliens jouent cette année. (bon)

_____

2. La bourse rebondit. (rapide)

_____

3. Les chefs d'état se réunissent en Europe. (fréquent)

_____

4. Le président de la République participe aux affaires européennes. (actif)

_____

5. Cet acteur joue le rôle d'Harpagon dans *L'Avare*. (exceptionnel + bon)

_____

6. On a parlé de son talent dans ce journal. (bref)

_____

7. Un ouragan a frappé la Martinique. (violent)

_____

8. Personne n'a été blessé. (sérieux)

_____

9. Les cambrioleurs du magasin étaient soûls (*drunk*). (évident)

_____

10. On a interpellé plusieurs témoins. (discret)

_____

5.8 Structures : les prépositions suivies de noms géographiques

En vous promenant, vous passez par une agence de voyages qui semble avoir des offres intéressantes. Vous regardez les brochures pour les pays francophones. Formez des phrases à partir des éléments donnés afin de connaître les possibilités. Faites attention à l'usage des prépositions.

MODÈLE : un vol   Paris, France → Dakar, Sénégal   290 euros
      Un vol <u>de</u> Paris <u>en</u> France <u>à</u> Dakar <u>au</u> Sénégal coûte 290 euros !

1. un forfait (vol + hôtel)   Paris → Phnom Penh, Cambodge, Asie du sud-est   798 euros

_____

2. un vol   Zurich, Suisse → Toronto, Ontario, Canada   435 euros

_____

3. une croisière   Bordeaux, France → Pointe-à-Pitre, Guadeloupe, Antilles   990 euros

_____

4. un billet de train   Bruxelles, Belgique → Marseille, Provence, France   185 euros

_____

5. un vol   Luxembourg, Luxembourg → Tunis, Tunisie, Afrique   320 euros

_____

5.9 Structures : le subjonctif et le subjonctif passé

(a) *À l'agence de voyages, un agent donne des conseils à un jeune couple qui veut aller en Polynésie pour leur lune de miel (honeymoon) au mois de novembre. Conjuguez les verbes entre parenthèses au* **subjonctif** *ou au* **subjonctif passé**.

L'AGENT : J'ai plusieurs forfaits en Polynésie, avec vol aller-retour et chambre d'hôtel pour une semaine, comme celui-ci au Club Bougainville à Tahiti. Je veux que mes clients (savoir) _____ combien il est favorable de trouver une bonne station balnéaire où tout est compris : la chambre, les repas, l'accès aux plages, les sports nautiques et tout. Je doute que vous (vouloir) _____ rester en ville où il y a beaucoup de circulation et beaucoup de bruit. Il vaut mieux qu'un jeune couple amoureux (être) _____ protégé du stress. Je suis heureux que vous (ne... pas / voyager) _____ à Tahiti avant de vous rencontrer et que ce (être) _____ votre premier voyage là-bas. Le premier voyage, c'est toujours le meilleur ! Il est important que vous (réfléchir) _____ à l'idée de voyager en première classe. Ça coûte un peu plus, mais c'est pour votre lune de miel ! Alors, il faut absolument que vous (faire) _____ vos réservations aujourd'hui. Bien qu'on (venir) _____ d'annoncer ce forfait, je ne suis pas sûr qu'il y ait encore des places après ce soir. Voulez-vous que je vous (donner) _____ le prix pour deux personnes, en première classe ?

(b) *Les jeunes fiancés demandent à l'agent de leur donner quelques minutes afin de lire la brochure et de penser au type de voyage qu'ils veulent. Voici leur conversation. Conjuguez les verbes entre parenthèses au* **subjonctif** *ou à l'***indicatif**.

SOPHIE : Je ne sais pas, Sammy. Je pense que ce voyage (aller) _____ nous coûter trop cher.

SAMUEL : Je suis surpris que tu (hésiter) _____. C'est notre lune de miel !

SOPHIE : Oui, mais il est nécessaire que nous (payer) _____ ce voyage nous-mêmes et nous n'avons pas beaucoup d'argent à gaspiller.

SAMUEL : Alors, tu as peur que nous (ne... pas / avoir) _____ assez d'argent pour aller à l'autre bout du monde. Mais que veux-tu que je te (dire) _____ ? Nous devrons payer les repas et l'hôtel où que nous (aller) _____. Pourquoi ne pas aller à Tahiti ?

SOPHIE : Je vois ce que tu (vouloir) _____ dire, mais alors, est-ce qu'il nous faut une station balnéaire luxueuse ? J'aimerais mieux qu'on nous (trouver) _____ une petite case (*cabin*) bon marché, que nous (préparer) _____ nos propres repas et que nous (habiter) _____ comme les Tahitiens. Je ne veux pas être entourée de touristes. Je veux connaître la culture et rencontrer les gens locaux.

SAMUEL : C'est bien dit. Mais je veux que nous (se reposer) _____ pendant notre lune de miel. Je veux que quelqu'un nous (servir) _____ les repas et que quelqu'un (nettoyer) _____ notre chambre ! Bon, réfléchissons encore un peu et demandons les conseils de nos amis.

(c) *Ces jeunes gens ont besoin de conseils. Aidez-les à prendre une décision ! Exprimez vos opinions sur leur choix de voyage, leur agent de tourisme, les voyages en général et/ou la lune de miel. Terminez les phrases en employant le* **subjonctif** *ou l'***indicatif**.

1. Il faut que. . . _____

2. Il est clair que. . . _____

3. Je suggère que. . . _____

4. Il est regrettable que. . . _____

5. Faites ce que vous voulez, pourvu que. . . _____

6. Je ne pense pas que. . . _____

7. Prenez votre temps, parce que. . . _____

8. Il est absolument essentiel que. . . _____

5.10 Vous rappelez-vous ? les verbes irréguliers au présent

Vous regardez Sophie et Samuel continuer leur conversation avec l'agent de tourisme. Voici une description de ce qui se passe. Choisissez parmi les verbes suivants et remplissez les blancs en conjuguant les verbes au présent. Vous allez utiliser quelques verbes plus d'une fois.

lire, dire, écrire, rire, décrire, sourire

Sophie et Samuel _____ à nouveau les brochures du Club Bougainville afin de savoir ce qui est compris dans le prix du voyage. L'agent de tourisme _____ la beauté des plages. Samuel est content et il _____. C'est un sourire très grand. L'agent calcule le prix et il _____ ce prix sur une feuille de papier qu'il donne à Samuel. Quand Samuel la regarde et il _____ ce que l'agent a écrit, il est sous le choc. Sophie trouve cela amusant et elle _____. L'agent de tourisme _____ aussi, mais c'est un rire nerveux. Sophie _____ qu'elle préférerait une petite case sans prétention au lieu d'un grand hôtel de luxe. Elle _____ le type de voyage qui l'intéresse. L'agent leur montre d'autres brochures. Sophie et Samuel décide d'attendre. Ils _____ « au revoir » à l'agent et ils s'en vont.

5.11 Recyclons ! le présent de l'indicatif

La vie d'un agent de tourisme n'est pas toujours facile. Voici la routine quotidienne de l'agent qui vient de parler avec Sophie et Samuel. Remplissez les blancs en conjuguant les verbes (réguliers et irréguliers) au présent.

L'AGENT : Un agent de tourisme (se lever) _____ tôt le matin. Moi, je (se réveiller) _____ vers 8h. Je (se doucher) _____ et je (mettre) _____ un costume. Ma femme et moi, nous (sortir) _____ de la maison et nous (aller) _____ au café du coin. Les propriétaires du café, Monsieur et Madame Plumeau, (vendre) _____ les meilleurs croissants. Là, je (prendre) _____ un café et j'(avaler) _____ un croissant, et ma femme (bavarder) _____ avec les Plumeau. Les portes de l'agence de tourisme (s'ouvrir) _____ à 9h du matin, donc après le petit déjeuner, je (dire) _____ « au revoir » à ma femme et je (se dépêcher) _____ afin d'y arriver à l'heure. Pendant la journée, les agents (parler) _____ aux clients et (chercher) _____ les meilleurs prix de vols et d'hôtels pour leur clients. Contrairement au stéréotype,

nous (ne. . . pas / arrêter) _____ pour deux heures à midi. Moi, je
(déjeuner) _____ souvent au bureau, devant mon ordinateur ! Je
(finir) _____ mon travail vers 5h du soir, et je (rentrer) _____
chez moi pour dîner avec ma femme. Le lendemain, nous (recommencer)
_____ notre journée de la même façon.

5.12 Recyclons ! le passé composé, l'imparfait et le plus-que-parfait

*Sophie et Samuel sont contents que vous leur ayez donné des conseils. Sophie vous raconte comment elle
a rencontré Samuel. Mettez les verbes entre parenthèses au* **passé composé**, *à l'***imparfait** *ou au* **plus-
que-parfait***.

SOPHIE : Samuel et moi, nous (se rencontrer) _____ il y a trois ans. J'
(décider) _____ de partir en vacances à Venise. Ce / C' (être)
_____ le mois de février et les Vénitiens (fêter) _____
le carnaval. Il (faire) _____ frais, il y (avoir) _____
une atmosphère de fête, et tout le monde (se promener) _____
dans les rues pleines de gens masqués et déguisés. À cette époque, Samuel (faire)
_____ son service militaire dans la marine et on le / l' (mettre)
_____ sur un navire (*ship*) dans la mer Adriatique. Tous ces soldats français (débarquer) _____ (*to disembark*) à Venise le jour
avant mon arrivée. Ma première nuit à Venise, je (aller) _____
dans un café Place San Marco. Samuel et ses amis (passer) _____
par le café. Il (voir) _____ que je (boire) _____ un
verre de vin toute seule et il (croire) _____ que j'étais italienne.
Alors, il (s'asseoir) _____ à ma table et il (commencer)
_____ à me parler en italien, mais en mauvais italien !
Ce / C' (être) _____ adorable. Je lui (sourire) _____
et je (se présenter) _____ en français. Et voilà ! Un vrai coup de
foudre ! Nous sommes ensemble depuis ce jour-là.

5.13 Recyclons ! les adjectifs descriptifs

Sophie et Samuel regardent les brochures qu'ils ont amassées à l'agence de tourisme et font des commentaires sur les photos qu'ils y trouvent. Récrivez les phrases en ajoutant les adjectifs entre parenthèses et en faisant tous les changements nécessaires. Attention à la forme et au placement de l'adjectif (avant ou après le nom).

1. J'adore cet hôtel (vieux, historique) !

_____

2. Quelles plages (propre, beau) !

_____

3. Tu vois ces restaurants (joli, tahitien, petit) ?

_____

4. Regarde les filles (heureux, jeune) dans cette photo (beau).

_____

5.14 Culture : quiz culturel

Que savez-vous déjà ? Répondez aux questions suivantes.

1. Lequel des endroits suivants n'est pas dans les DOM-TOM ?
a. Tahiti   b. la Guyane
c. la Guadeloupe   d. Madagascar

2. Quand il fait maussade. . . ?
a. il fait beau temps   b. il fait mauvais temps
c. il neige   d. il grêle

3. Quand on est au chômage, on est. . . ?
a. sans enfants   b. sans travail
c. sans amis   d. sans passeport

4. Dans un café parisien, on ne peut pas trouver. . . ?
a. de boissons chaudes   b. de cendriers
c. de boissons alcoolisées   d. de cocotiers

5. Quand il fait 10 degrés celsius, il fait approximativement. . . ?
a. 40 degrés fahrenheit   b. 50 degrés fahrenheit
c. 60 degrés fahrenheit   d. 60 degrés fahrenheit

6. Choisissez un symbole de l'automne en France...
   a. les bougainvillées   b. le brouillard
   c. la tramontane   d. la foudre

7. Quel pays ne faisait pas partie de l'originale « Europe des douze » ?
   a. l'Italie   b. la Norvège
   c. l'Irlande   d. la Suisse

8. On ne trouve pas d'organismes gouvernementaux de l'UE à...?
   a. La Haye   b. Strasbourg
   c. Bruxelles   d. Luxembourg

9. Le marché commun de la Communauté économique européenne a été initié en...?
   a. 1919   b. 1945
   c. 1957   d. 1962

10. Lequel des titres suivants vous apprend une bonne nouvelle ?
    a. « Exposition à Dakar »   b. « Attentat à Biarritz »
    c. « Grève en Provence »   d. « Ouragan à la Réunion »

11. Pour montrer de l'indifférence, vous pouvez dire...?
    a. Tu parles   b. Ça alors
    c. Ah bon   d. Dis donc

12. La capitale de la Polynésie française est...?
    a. Tahiti   b. Papeete
    c. Bora-Bora   d. Bougainville

13. Le nom du dernier roi tahitien était...?
    a. Pomaré IV   b. Pomaré V
    c. Louis XIV   d. Napoléon

14. Lequel de ces hommes célèbres n'a jamais visité la Polynésie ?
    a. Gauguin   b. Loti
    c. Diderot   d. Bougainville

15. Le palais de Versailles a été agrandi au 17ème siècle pour...?
    a. Louis XIV   b. Louis XVI
    c. Le Nôtre   d. Marie-Antoinette

5.15 Culture : comparaisons

Pensez au temps et à son influence sur la culture. Quel temps fait-il à Paris du mois de septembre au mois de décembre ? Quelles sont les caractéristiques de cette saison ? Et à Tahiti, quel temps fait-il pendant cette période ? Et chez vous ? Quel temps fait-il du mois de septembre au mois de décembre ? Pensez à vos réponses à ces questions et puis écrivez quelques phrases pour analyser les différences ou les similarités entre les climats de Paris, de Tahiti et de chez vous, et parlez de l'influence du climat sur la culture.

_____

_____

_____

_____

_____

_____

_____

_____

_____

_____

_____

_____

_____

_____

_____

_____

_____

_____

_____

_____

_____

_____

5.16 Littérature : suite

L'*Avare* de Molière

Imaginez une conversation entre Harpagon et son intendant Valère dans laquelle Harpagon accuse l'intendant d'avoir volé sa cassette. Bien sûr, Valère nie (denies) avoir touché à son argent et lui donne des conseils pour trouver le vrai voleur. Écrivez un petit dialogue entre les deux personnages.

■ Activités audiovisuelles

5.17 Avant de regarder : que savez-vous déjà ?

(a) *Que savez-vous déjà de Paris et de la France ? Avant de regarder la vidéo, répondez aux questions suivantes.*

1. Qu'est-ce que c'est que l'Union Européenne ?

_____

2. Qu'est-ce que c'est que les DOM-TOM ?

_____

3. Comment est le climat en France ? Décrivez le temps typique pour chacune des quatre saisons.

_____

4. Combien de partis politiques y a-t-il en France ?

_____

5. Les journaux se divisent en sections. Quelles sont les sections d'un journal typique ?

_____

6. À votre avis, que faut-il qu'un(e) touriste fasse pendant son séjour à Paris ?

_____

_____

(b) *Connaissez-vous les mots suivants ? Lisez les paragraphes suivants et essayez de comprendre le sens des mots en caractères gras (que vous allez entendre dans l'interview). Ensuite, terminez les phrases logiquement.*

1. Jean-Louis a travaillé comme barman, mais **ça n'a rien à voir** avec sa profession d'antiquaire. Le grand-père de Sandrine Fontenot est mort d'une crise cardiaque et la famille croyait que c'était à cause du manuscrit maudit. Mais Claire pense que la crise cardiaque était dûe à des problèmes de santé. **Ça n'a rien à voir** avec le manuscrit. Et finalement, le voyage de Nicolas Gustave **n'a rien à voir** avec _____.

2. Jean-Louis voulait être homme d'affaires, mais il est devenu barman **en dépit**. Il n'est pas fort en maths, mais il réussit dans le marché d'antiquités **en dépit de** ses difficultés. Claire n'aime pas prendre l'avion, mais elle voyage autour du monde **en dépit de** cette peur. Elle veut écrire sa thèse sur le manuscrit perdu de Laclos, mais elle peut écrire sur *Les Liaisons dangereuses* **en dépit**. Moi, je déteste _____, mais je _____ **en dépit** de ça.

3. Dans un climat où on a des **écarts de température** extrêmes, le climat est souvent soit très sec, soit très humide. Dans un climat où il ne fait ni très chaud, ni très froid, les températures sont modérées. C'est un climat **tempéré**. _____ est une ville où on trouve un climat **tempéré**.

4. Si on fait quelque choses tous les jours, c'est une activité **quotidienne**. Si on le fait une fois par semaine, c'est une activité **hebdomadaire**. Si on le fait une fois par mois, c'est une activité **mensuelle**. Si on le fait une fois tous les trois mois (quatre fois par an), c'est une activité **trimestrielle**. Si on le fait une fois par an, c'est une activité **annuelle**. Alors, en ce qui concerne la presse, on a des **quotidiens**, des **hebdomadaires**, des **mensuels**, des **trimestriels**, des **annuels**. Le *New York Times*, c'est un exemple d'un _____. Le magazine *Sports Illustrated*, c'est un _____.

5. Pour ajouter une couleur à un tissu ou une autre matière, on emploie une **teinture** (rouge, orange, bleue, etc.) naturelle ou chimique. Alors, un tissu peut être **teinté** d'une couleur ou de plusieurs couleurs en trempant le tissu dans la **teinture**. Les idées peuvent, elles aussi, être **teintées** d'un point de vue, d'une philosophie ou d'une opinion politique. D'après moi, _____ est une émission télévisée qui a une **teinture** politique.

6. Souvent, on a le choix entre deux choses (ou plus). Avec les villes, par exemple : **soit** elles sont trop dangereuses, **soit** elles sont trop ennuyeuses ; **soit** trop modernes, **soit** trop isolées. Si on a faim, pourtant, **que ce soit** un restaurant de luxe, **que ce soit** un restaurant familial, on peut toujours trouver à manger. Pour bien apprendre à parler français, on a beaucoup de choix : **soit** on _____, **soit** on _____.

7. Pour transporter un objet **lourd**, comme un grand sac plein de livres scolaires, on peut **porter le poids** de cet objet plus facilement **sur les épaules** ou sur le dos. C'est pourquoi on a inventé des sacs à dos, afin de **porter le poids** d'un objet **lourd** plus facilement. Métaphoriquement, on **peut porter le poids** de son passé **sur ses épaules**. Ça peut devenir très **lourd**, une préoccupation qui nous rend anxieux ou mélancoliques. Il vaut mieux se libérer de **ce poids**. On peut se libérer d'un **poids lourd** en _____.

5.18 Vidéo : profil personnel

Regardez l'interview du Chapitre 5 de votre vidéo « Points de vue » et puis remplissez les blancs du profil personnel en fournissant les détails sur l'intervenant que vous y rencontrez.

PRÉNOM :   Sophie

PAYS D'ORIGINE : _____

PAYS HABITÉS : _____

RÉSIDENCE ACTUELLE : _____

LANGUES PARLÉES : _____

ÉTUDES : _____

PROFESSION : _____

CARACTÉRISTIQUES PHYSIQUES : _____

_____

CARACTÈRE : _____

5.19 Vidéo : compréhension

Après avoir regardé le Chapitre 5 de la vidéo, répondez aux questions suivantes en cochant (checking off) tout ce qui est vrai.

1. En parlant de ses études, Sophie mentionne. . . ?

_____ l'histoire   _____ l'anglais

_____ l'archéologie   _____ l'informatique

_____ la comptabilité

2. Sophie a vécu dans quelles villes. . . ?

_____ Paris   _____ Boston

_____ Toronto   _____ Montréal

_____ Chicago   _____ Madrid

_____ New York

3. D'après Sophie, le climat parisien est. . . ?

_____ pluvieux en hiver   _____ neigeux en hiver

_____ très humide   _____ modéré en hiver

_____ très chaud en été   _____ orageux en été

_____ plus agréable que le climat bostonien

4. Comment Sophie reste-t-elle au courant des actualités. . . ?

_____ en lisant les journaux   _____ en écoutant la radio

_____ en regardant la télé   _____ en consultant l'internet

_____ en lisant des magazines

5. En parlant de la presse, Sophie mentionne. . . ?

_____ des quotidiens   _____ des hebdomadaires

_____ des trimestriels   _____ des mensuels

6. D'après Sophie, les journaux parisiens sont. . . ?

_____ tous très similaires dans la présentation des faits

_____ chacun influencé par une orientation politique spécifique

_____ très objectifs et mitigés entre les deux grands partis politiques

7. Qu'est-ce qui manque à Sophie de la vie française ?

_____ la cuisine   _____ la famille

_____ les cafés   _____ les grands magasins

_____ les musées et monuments

8. Sophie conseille aux étudiants qui visitent Paris de. . . ?

_____ trouver un hôtel au centre de Paris

_____ être courageux

_____ aller aux musées

_____ prendre le métro (ne pas marcher !)

_____ rester à Paris (ne pas aller en province !)

_____ visiter la banlieue parisienne

_____ s'habiller à la mode

9. Pour Sophie, être Parisienne, c'est. . . ?

_____ être fanatique de mode

_____ être supérieure aux autres

_____ montrer que les Parisiens sont des gens normaux

_____ se sentir obligée de « vendre » Paris aux touristes potentiels

_____ être fluide et flexible

_____ avoir un sens de l'humour

10. Dans le premier clip sur « Le temps », le jeune homme québécois dit qu'au Québec en hiver. . . ?

_____ il y a des tempêtes   _____ il fait très froid

_____ il fait du soleil   _____ il neige beaucoup

_____ il y a du verglas sur les autoroutes

11. D'après Richard, à Paris. . . ?

_____ il fait très chaud en été   _____ la température est modérée

_____ il fait très froid en hiver

12. D'après Smaïn, en Algérie, le climat est. . . ?

_____ sec en été   _____ pluvieux en hiver

_____ très froid en hiver

5.20 Vidéo : structures

(a) Le subjonctif : *Après avoir regardé la vidéo, terminez les phrases en répétant les conseils que Sophie offre aux étudiants qui veulent visiter Paris. Attention à la conjugaison des verbes au* **subjonctif** *ou à* **l'indicatif**.

1. Il faut que les étudiants (être) _____ courageux, parce que Paris (être) _____ une très grande ville.

2. Je suis sûr(e) que vous (aller) _____ marcher beaucoup.

3. Il est important que tu (habiter) _____ un quartier central. Il est possible que tu (prendre) _____ le métro, mais il vaut mieux pouvoir marcher.

4. Il est naturel que les touristes (aller) _____ aux grands musées, comme le Louvre ou le musée d'Orsay. Ce sont les plus beaux musées qu'on (pouvoir) _____ trouver au monde !

5. Bien que Paris (offrir) _____ d'innombrables distractions et délices, je souhaite que les étudiants (sortir) _____ de Paris et qu'ils (découvrir) _____ comment on peut être Français ailleurs qu'à Paris.

(b) Les prépositions suivies de noms géographiques : *Après avoir regardé la vidéo, remplissez les blancs avec une* **préposition** *convenable pour décrire les voyages et les déménagements de Sophie.*

Sophie est née _____ Paris, _____ France. Elle y a grandi et a fait ses études. Ensuite, ne pouvant pas être archéologue, elle a décidé de travailler en informatique financière. Elle a trouvé un emploi à la Bourse parisienne. Ensuite, elle a déménagé. Elle est allée _____ Montréal, _____ Québec. Après plusieurs ans, elle est partie _____ Canada et retournée _____ Europe près de sa famille. Pourtant, elle avait toujours envie de découvrir le monde. Elle a interviewé pour un job _____ Tokyo, _____ Japon, mais finalement on lui a offert un emploi _____ États-Unis : soit _____ Chicago, _____ Illinois, soit _____ Boston, _____ Massachusetts. Elle a choisi Boston où elle habite aujourd'hui.

5.21 Vidéo : vocabulaire

D'après ce que vous avez entendu en regardant la vidéo, décrivez le temps dans chaque ville suivante pendant la saison indiquée. Jouez le rôle du météorologue !

1. D'après Sophie, l'hiver à Paris.

_____

_____

_____

2. D'après Sophie, l'été à Boston.

_____

_____

_____

3. D'après le jeune homme québécois, l'hiver à Québec.

_____

_____

_____

4. D'après Smaïn, l'été en Algérie.

_____

_____

_____

5.22 Vidéo : culture

Réfléchissez à l'interview avec Sophie dans cette vidéo. Ensuite, répondez aux questions personnelles.

1. Sophie explique que les journaux parisiens sont ouvertement subjectifs en présentant les nouvelles à leurs lecteurs. Par contre, aux États-Unis, les journalistes ont traditionnellement essayé d'être objectifs en écrivant leurs articles. Quel système marche le mieux, à votre avis ? Pourquoi ?

_____

_____

_____

_____

2. Comment Sophie reste-t-elle au courant de ce qui se passe dans le monde ? Pourquoi ? Comparez ses façons d'apprendre les nouvelles aux vôtres. Y a-t-il des similarités ou des différences ? Expliquez.

_____

_____

_____

_____

3. Quand Sophie parle de ce que ça veut dire pour elle d'être Parisienne, elle parle des stéréotypes qu'on a des Parisiens et elle explique que les Parisiens sont « comme tout le monde, des gens normaux ». Quels sont les stéréotypes qu'ont les Américains des Parisiens ? Est-ce que Sophie a changé votre idée de ces stéréotypes ?

_____

_____

_____

_____

Interlude

POUR RÉVISER

Activités orales

Activités écrites

■ **Activités orales**

I.1 Comment se présenter et comment décrire sa routine quotidienne

Vous venez de rencontrer un touriste francophone dans la région où vous habitez. Il veut rencontrer des gens et connaître la culture nord-américaine. Alors, il vous pose beaucoup de questions. Répondez aux questions en écrivant des phrases complètes.

À réviser avant de faire cette activité : les fonctions et les structures du Chapitre 1, surtout la conjugaison des verbes au présent.

1. _____

2. _____

3. _____

4. _____

5. _____

6. _____

7. _____

8. _____

9. _____

10. _____

11. _____

12. _____

13. _____

14. _____

15. _____

I.2 Comment parler de ses préférences

Ce touriste veut en savoir plus sur vos habitudes et vos préférences. Il vous pose encore de questions. Répondez à ses questions d'après vos préférences personnelles en donnant autant de détails que possible.

À réviser avant de faire cette activité : le vocabulaire pour parler des voyages (Chapitre 1), de la cuisine (Chapitre 2), de la mode (Chapitre 3), des membres de la famille (Chapitre 4) et des actualités et du temps (Chapitre 5) ; l'usage des articles et du partitif (Chapitres 1 et 2) ; l'usage des adjectifs descriptifs (Chapitre 3) ; les prépositions suivies de noms géographiques (Chapitre 5) ; la conjugaison des verbes au passé (Chapitres 2, 3 et 4).

1. _____

2. _____

3. _____

4. _____

5. _____

6. _____

7. _____

8. _____

9. _____

10. _____

11. _____

12. _____

■ Activités écrites

I.3 Comment poser des questions

Dans les cinq premiers chapitres de ce texte, on a beaucoup appris sur les cultures francophones. Vérifions ce que vous savez ! Formulez des questions sur les gens et les sujets suivants, d'après les indications. Ensuite, essayez de répondre aux questions en relisant le texte ou en posant les questions à vos camarades de classe !

À réviser avant de faire cette activité : l'interrogatif (Chapitres 1 et 2) ; l'usage de l'adjectif et du pronom interrogatifs (Chapitre 4) ; les centres d'information (Chapitres 1 à 5) et les textes littéraires (Chapitres 1 à 5).

MODÈLE : localisation du Vieux Carré

Où est le Vieux Carré ? À la Nouvelle-Orléans !

1. définition d'un « fais do-do »

_____

2. profession de Zachary Richard

_____

3. ingrédients d'une étouffée

_____

4. langues parlées à Haïti

_____

5. dates de la Révolution haïtienne

_____

6. nombre d'arrondissements à Paris

_____

7. produits qu'on peut acheter dans un grand magasin

_____

8. importance de Diên Biên Phu

_____

9. localisation du Maghreb

_____

10. cinq piliers de la religion islamique

_____

11. caractéristiques de l'œuvre d'Assia Djebar

_____

12. définition des DOM-TOM

_____

13. année de la fondation de l'Union européenne

_____

14. nom du château de Louis XIV

_____

15. profession de Molière

_____

I.4 Comment décrire les gens

À réviser avant de faire ces activités : comment décrire les gens, les vêtements et les objets (Chapitre 3), comment décrire le caractère des gens (Chapitre 4).

(a) Votre autoportrait ! *Vous avez invité des amis de vos amis, des touristes francophones, à passer quelques jours chez vous. Vous allez les rencontrer à l'aéroport près de chez vous et vous leur envoyez un message par courrier électronique afin de vous décrire. Faites votre description physique, décrivez les vêtements que vous allez porter à l'aéroport et décrivez votre caractère.*

_____

_____

_____

_____

_____

_____

_____

_____

_____

_____

(b) Comment sont-ils ? *Lisez les descriptions des personnages principaux du texte (Interlude). Choisissez deux personnages qui vous intéressent, un homme et une femme, et imaginez comment ils sont. Faites une description physique (imaginez !) et une description du caractère de chacun des deux personnages.*

_____

_____

_____

_____

_____

_____

_____

_____

_____

_____

I.5 Comment parler du passé

À réviser avant de faire ces activités : la conjugaison des verbes au passé (Chapitres 2, 3 et 4).

(a) Questions de chronologie ! *Relisez la chronologie des événements dans votre texte (Interlude) et puis répondez aux questions suivantes.*

1. Qu'est-ce que François Fontenot a fait entre 1792 et 1822 ? Qu'est-ce qu'il avait déjà fait avant 1792 ?

   _____

   _____

2. Qu'est-ce que Henri Pierre Fontenot a fait entre 1941 et 1945 ? Pourquoi ?

   _____

   _____

3. Qu'est-ce que Henri Pierre Fontenot a fait en 1973 ? Pourquoi ?

   _____

   _____

4. Où est-ce que Claire Plouffe est allée en 2002 ? Pourquoi ? Qu'est-ce qu'elle avait déjà fait avant d'y aller ?

   _____

   _____

5. Quels pays Claire a-t-elle visité en 2003 ? Pourquoi ?

   _____

   _____

6. Quels autres personnages est-ce que Claire a vus au cours de sa visite à Paris en 2003 ? Lesquels avait-elle déjà rencontrés avant d'arriver à Paris ?

   _____

   _____

(b) Résumez l'intrigue ! *Relisez le résumé de l'intrigue dans votre texte (Interlude). Ensuite, choisissez le chapitre que vous pensez être le chapitre le plus important. Qu'est-ce qui s'est passé dans ce chapitre ? Réécrivez le résumé de ce chapitre au passé.*

_____

_____

_____

_____

_____

_____

_____

_____

_____

_____

(c) Qu'est-ce qui s'est passé ? *Maintenant que vous avez révisé l'intrigue, la chronologie des événements et les rôles des personnages, vous avez sans doute des questions à poser ! Écrivez cinq ou six questions que vous avez sur les personnages, leur rapports interpersonnels ou les événements de l'intrigue. Posez vos questions à vos camarades de classe ou bien à votre professeur afin de trouver des réponses satisfaisantes.*

_____

_____

_____

_____

_____

_____

_____

_____

_____

_____

_____

I.6 Comment exprimer son opinion et comment donner des conseils

À réviser avant de faire ces activités : comment encourager ou avertir quelqu'un (Chapitre 2) ; comment s'excuser et pardonner à quelqu'un (Chapitre 3) ; comment exprimer son désaccord et se réconcilier (Chapitre 4) ; comment montrer l'intérêt ou l'indifférence, comment apprendre une nouvelle à quelqu'un et comment réagir, comment exprimer son opinion et donner des conseils (Chapitre 5) ; l'usage du subjonctif (Chapitre 5).

(a) Exprimez-vous ! *Exprimez vos opinions sur les sujets suivants. Écrivez deux ou trois phrases. Employez les temps de verbe convenables.*

1. l'utilité des voyages dans les pays étrangers

_____

_____

_____

2. la popularité du fast-food

_____

_____

_____

3. l'importance de bien s'habiller en public

_____

_____

_____

4. la disparition de la famille multi-générations

_____

_____

_____

5. l'objectivité des journalistes

_____

_____

_____

(b) Réagissez ! *Voici quelques déclarations et opinions de plusieurs gens. Réagissez à chaque opinion selon les indications données. Écrivez une phrase ou simplement une expression.*

1. Je vais me faire couper les cheveux. J'aime les cheveux courts. (*Encouragez cette personne.*)

   _____

2. Nous voulons visiter la ville de Québec pendant l'hiver. (*Donnez un avertissement.*)

   _____

3. Le recyclage ne sert à rien. À quoi bon y perdre son temps ? (*Exprimez votre désaccord.*)

   _____

4. Écoutez, j'ai fait une gaffe. J'ai perdu vos lunettes de soleil. (*Pardonner à cette personne.*)

   _____

5. Hier, c'était mon anniversaire. J'ai 30 ans ! (*Soyez surpris(e) !*)

   _____

6. Il y a des soldes (*sales*) magnifiques dans les grands magasins. (*Montrez votre indifférence.*)

   _____

7. Il y a une nouvelle exposition d'art impressionniste au musée d'Orsay. (*Montrez votre intérêt !*)

   _____

8. Je sais que vous aimez la musique classique, mais moi, je pense que le zydeco est une musique plus amusante et plus dynamique. (*Réconciliez-vous avec cette personne.*)

   _____

(c) Des conseils ! *Quels conseils voulez-vous donner à des gens dans les situations suivantes ? Écrivez deux ou trois phrases afin de communiquer vos désirs, vos sentiments, et vos conseils à chaque individu.*

1. une amie qui cherche un nouvel emploi

_____

_____

_____

_____

_____

_____

2. un collègue qui porte toujours des vêtements démodés

_____

_____

_____

_____

_____

_____

3. un membre de votre famille qui veut faire de la recherche généalogique

_____

_____

_____

_____

_____

_____

Chapitre

6

Une mésaventure martiniquaise

POUR RÉVISER

Activités orales

6.1 Comment dire : interrompre quelqu'un et ajouter quelque chose

6.2 Comment dire : faire répéter ou faire préciser

6.3 Comment dire : rassurer quelqu'un (dictée)

Activités écrites

6.4 Vocabulaire : la politique

6.5 Structures : les pronoms compléments d'objets et les pronoms adverbiaux

6.6 Structures : les pronoms disjoints

6.7 Structures : le futur et le futur antérieur

6.8 Vous rappelez-vous ? les verbes irréguliers au présent

6.9 Recyclons ! le subjonctif

6.10 Recyclons ! le passé composé, l'imparfait, le plus-que-parfait

6.11 Recyclons ! l'interrogatif

6.12 Culture : quiz culturel

6.13 Culture : comparaisons

6.14 Littérature : suite

Activités audiovisuelles

6.15 Avant de regarder : que savez-vous déjà ?

6.16 Vidéo : profil personnel

6.17 Vidéo : compréhension

6.18 Vidéo : structures

6.19 Vidéo : vocabulaire

6.20 Vidéo : culture

■ **Activités orales**

6.1 Comment dire : interrompre quelqu'un et ajouter quelque chose

Vous êtes à la Martinique et vous écoutez lorsque deux personnes francophones discutent de la politique. L'une d'entre eux n'arrête pas d'interrompre l'autre pour ajouter des commentaires. Écoutez leur conversation et indiquez si la personne qui interrompt le fait poliment ou impoliment. Ensuite, écrivez ce que la deuxième personne veut ajouter à la conversation.

MODÈLE :   Vous entendez : « Je n'aime pas trop notre maire. Il est trop conservateur. . .

— Je suis désolé de t'interrompre, mais n'oublions pas qu'il est aussi très vieux. »

Vous marquez : _____*x*_____ poli

Vous écrivez : Commentaire : _____*Il est très vieux aussi.*_____

1. _____ poli   _____ impoli

Commentaire : _____

2. _____ poli   _____ impoli

Commentaire : _____

3. _____ poli   _____ impoli

Commentaire : _____

4. _____ poli   _____ impoli

Commentaire : _____

6.2 Comment dire : faire répéter ou faire préciser

Vous êtes chez vous et vous recevez un coup de téléphone d'un homme francophone qui veut vous apprendre une nouvelle importante. Vous avez du mal à l'entendre, alors il faut lui demander souvent de répéter. En plus, vous avez du mal à le comprendre, alors il faut lui demander de s'expliquer ou de préciser ce qu'il veut dire. Écoutez ce qu'il vous dit et choisissez la réponse (a) ou la réponse (b) selon les indications. Prononcez votre réponse à haute voix et puis répétez la bonne réponse (avec enthousiasme et en faisant attention à votre prononciation) après le narrateur.

MODÈLE : Vous entendez : « Bonjour ! Je suis content de vous trouver chez vous. »
Vous voulez qu'il se répète.
Vous dites : « Excusez-moi ? »
Vous entendez : « Excusez-moi ? »
Vous répétez : « Excusez-moi ? »

1. *Vous voulez qu'il se répète.*
   a. Excusez-moi ?   b. J'ai du mal à vous comprendre.

2. *Vous voulez qu'il s'explique.*
   a. Je ne vois pas ce que vous voulez dire.   b. Pouvez-vous parler plus fort ?

3. *Vous voulez qu'il s'explique.*
   a. Qu'est-ce que vous venez de dire ?   b. Mais qu'est-ce que vous racontez ?

4. *Vous voulez qu'il se répète.*
   a. Pouvez-vous répéter, s'il vous plaît ?   b. Pouvez-vous préciser ?

5. *Vous voulez qu'il se répète.*
   a. Je ne comprends pas ce que vous dites.   b. Articulez, s'il vous plaît.

6. *Vous voulez qu'il s'explique.*
   a. Je n'ai pas bien entendu.   b. C'est-à-dire ?

6.3 Comment dire : rassurer quelqu'un (dictée)

Voici un extrait de la lettre que la tante Émilie a envoyée à Jean-Louis après l'anniversaire de la mère de Jean-Louis. Vous allez entendre le paragraphe trois fois. La première fois, écoutez attentivement. La deuxième fois, le paragraphe sera lu plus lentement. En écoutant, écrivez chaque phrase exactement comme vous l'entendez. La troisième fois, écoutez encore en relisant ce que vous avez écrit pour vérifier votre transcription.

6.4 Vocabulaire : la politique

Vous travaillez pour une organisation à but non-lucratif qui aide les immigrés francophones aux États-Unis. Un jour, vous vous occupez d'un groupe d'enfants qui vous posent des questions sur la politique. Vous leur expliquez le sens de quelques mots de vocabulaire. Lisez les explications et remplissez les blancs avec un des mots de la liste suivante.

une élection, la souveraineté, un droit, une loi, une guerre, un parti politique

1. _____ c'est un conflit violent entre deux pays ou deux groupes qui ne sont pas d'accord.

2. _____ c'est quand les gens font entendre leurs voix afin de mettre quelqu'un au pouvoir dans le gouvernement.

3. _____ c'est l'idée que chaque individu peut faire certaines choses dans la vie, comme acheter une maison, voter ou se défendre contre ses accusateurs devant un juge.

4. _____ c'est quand un état est indépendant et n'est pas contrôlé par un autre état.

5. _____ c'est un groupe de gens qui ont à peu près les mêmes idées en ce qui concerne la société et le gouvernement et qui travaillent ensemble pour élire quelqu'un qui pense comme eux.

6. _____ c'est une règle écrite qui permet aux gens de faire certaines choses légalement ou qui défend aux gens de faire d'autres choses qui sont illégales.

6.5 Structures : les pronoms compléments d'objets et les pronoms adverbiaux

(a) *Bernadette rentre à la maison où elle habite avec ses parents et sa sœur. Sa mère lui demande de faire quelques courses. Sa grand-mère répète tout ce que la mère lui dit pour que Bernadette n'oublie rien. Récrivez les phrases en substituant des pronoms compléments d'objets ou des pronoms adverbiaux pour les expressions soulignées.*

1. Il faut que tu achètes <u>les crevettes</u> <u>au marché</u>.

   _____

2. Aussi, tu achèteras un kilo <u>d'oranges</u>.

   _____

3. Tu pourrais parler <u>de ton travail</u> <u>à Monsieur Pogue</u>.

   _____

4. C'est Monsieur Pogue qui a apporté <u>ta boîte de pamphlets</u> <u>à tes amis parisiens</u> l'année dernière.

_____

5. Il est allé <u>à Paris</u> afin de fêter <u>son cinquantième anniversaire de mariage</u> !

_____

6. Ensuite, tu seras <u>près de la maison de ton frère</u>.

_____

7. Alors, tu iras <u>chez lui</u> et tu donneras <u>les oranges</u> <u>à sa femme</u>.

_____

8. Finalement, tu iras <u>à la poste</u> et tu enverras <u>ces lettres</u> <u>à tes cousins</u>.

_____

(b) _Quand Bernadette rentre à la maison deux heures plus tard, sa mère a des questions pour elle. Jouez le rôle de Bernadette et répondez aux questions en employant des pronoms compléments d'objet ou des pronoms adverbiaux._

1. LA MÈRE : Est-ce que tu as vu <u>ta belle-sœur</u> ?

BERNADETTE : Non, _____

2. LA MÈRE : Tu n'as pas laissé <u>les oranges</u> <u>chez ton frère</u> ?

BERNADETTE : Oui, _____

3. LA MÈRE : Et tes neveux étaient toujours <u>à l'école</u> ?

BERNADETTE : Oui, _____

4. LA MÈRE : Tu as trouvé <u>de bonnes crevettes</u> <u>au marché</u>, n'est-ce pas ?

BERNADETTE : Oui, _____

5. LA MÈRE : Et tu as remercié <u>Monsieur Pogue</u> d'avoir transporté <u>tes pamphlets</u> <u>à Paris</u> ?

BERNADETTE : Oui, _____

6. LA MÈRE : Est-ce qu'il t'a parlé <u>des prochaines élections</u> ?

BERNADETTE : Non, _____

7. LA MÈRE : Est-ce que tu as mis <u>mes lettres</u> <u>dans la boîte aux lettres</u> ?

BERNADETTE : Oui, _____

8. LA MÈRE : Et tu n'as pas revu <u>ces deux chercheurs</u> <u>en ville</u> ?

BERNADETTE : Non, _____

(c) *La mère de Bernadette a toujours des commissions à lui demander. Voici encore des demandes qu'elle fait à sa fille. Récrivez-les à l'**impératif** en employant des pronoms compléments d'objet ou des pronoms adverbiaux.*

MODÈLE :   Demain, il faut que nous **parlions** <u>à ta belle-sœur</u>.

Parlons-lui !

1. Demain, tu dois **aller** <u>au travail</u>.

   _____

2. Mais ce week-end il faut que nous **organisions** <u>le dîner familial</u>.

   _____

3. Il est important que nous **invitions** <u>tes tantes</u> <u>chez nous</u>.

   _____

4. Je veux que toi et ton père, vous **serviez** <u>des boissons</u> <u>à tes tantes</u>.

   _____

5. Surtout, il ne faut pas que tu <u>nous</u> **parles** <u>de la politique</u>.

   _____

6.6 Structures : les pronoms disjoints

Bernadette aide sa mère à ranger les affaires dans la maison et à préparer la cuisine. Elle parle de Claire et Jean-Louis et elle emploie beaucoup de pronoms disjoints afin de souligner de qui elle parle. Remplissez les blancs avec un pronom disjoint convenable.

BERNADETTE :   Cette jeune femme québécoise a l'air intelligente. _____, elle est engagée dans la politique de son pays. Le Français, pourtant, a l'air désintéressé. _____, il n'avait rien à ajouter à notre conversation. Quant à _____, je préfère discuter avec les gens qui ont des opinions sur ce qui se passe dans le monde. _____ et Papa, vous m'avez appris à dire ce que je pense. _____, vous avez l'esprit ouvert. Ici, chez _____, nous avons toujours parlé des actualités. Même mes vieilles tantes, _____, elles lisent les journaux et elles aiment discuter. C'est vrai, pourtant que mon frère et sa femme, _____, ils n'aiment pas parler de la politique. Ma belle-sœur, _____, elle préfère parler de ses vêtements et des meubles qu'elle achète pour la maison. Mais _____, je déteste parler de choses banales comme ça.

6.7 Structures : le futur et le futur antérieur

Bernadette continue à parler de sa vie et imagine comment sera la vie à la Martinique si elle acquiert son indépendance de la France un jour. Conjuguez les verbes entre parenthèses au futur ou bien au futur antérieur.

BERNADETTE : Je parie qu'au bout de dix ans, la vie ici (être) _____ différente. La

Martinique (gagner / déjà) _____ son indépendance et nous

(ne... plus / avoir) _____ d'impôts français à payer. Nous (élire)

_____ un président et un premier ministre martiniquais. L'écono-

mie (se développer) _____ autour du tourisme et de la tech-

nologie car ce (être) _____ la clé de notre avenir. Vous (voir)

_____ que tout (aller) _____ à merveille. Quant à

moi, en dix ans, je (faire / déjà) _____ des études supérieures en

sciences politiques et je (recevoir / déjà) _____ mon doctorat.

Alors, le nouveau président (se hâter) _____ de m'engager

comme analyste politique. J'(habiter) _____ ma propre maison à

Fort-de-France et je (être) _____ très occupée. Mais, ne t'inquiète

pas, Maman, je (revenir) _____ souvent vous voir à Schœlcher

parce que j'(avoir) _____ une petite voiture électrique qui (faciliter)

_____ le voyage. Je (ne... pas / prendre) _____

l'autobus. Tu imagines !

6.8 Vous rappelez-vous ? les verbes irréguliers au présent

Bernadette décide de ne pas attendre d'aller voir ses tantes, et elle leur téléphone. Choisissez parmi les verbes suivants et remplissez les blancs en conjuguant le verbe au **présent***. Vous allez utiliser quelques verbes plus d'une fois.*

dormir, mentir, sentir, se sentir, ressentir

BERNADETTE : Bonsoir, Tati. C'est Bernadette. Comment vas-tu ?

LA TANTE : Bonsoir. Je vais bien, mais Josie ne _____ pas très bien. Son rhumatisme, tu sais. Mais qu'y a-t-il ? Il est tard, non ?

BERNADETTE : Oui, un peu. Vous ne _____ pas, j'espère.

LA TANTE : Non, Josie et moi, nous ne nous couchons pas avant onze heures. Je _____ mal si je me couche trop tôt ou si je me lève trop tard. Je _____ exactement huit heures par nuit, de onze heures à sept heures. Mais, bon, tu n'as pas téléphoné pour parler de mes habitudes nocturnes.

BERNADETTE : Non, en effet. J'ai une question à propos de vos voisins.

LA TANTE : À propos des Thibodeau ? Il s'agit d'une de tes manifestations politiques ?

BERNADETTE : Non, Tati. Je connais quelqu'un qui veut parler à Monsieur Thibodeau. Comme c'est une femme bien sympa, je _____ le besoin de l'aider.

LA TANTE : Tu ne me _____ pas ? Tu dis la vérité ?

BERNADETTE : Mais bien sûr, Tati. Je suis engagée en politique, je ne suis pas révolutionnaire ! Et de toute façon, tu sais que je ne _____ jamais. Il s'agit vraiment d'une femme étrangère qui fait de la recherche. Cette femme veut savoir si les Thibodeau sont chez eux. Elle leur a téléphoné, mais il n'y avait pas de réponse.

LA TANTE : Tiens, c'est vrai. Ils sont partis il y a quelques jours. Tu sais, chaque année ils rendent visite à leurs parents en Afrique. Ils y sont probablement allés.

BERNADETTE : Merci, Tati. Cette femme sera déçue, mais. . .

LA TANTE : Excuse-moi, mais je _____ l'odeur de quelque chose qui brûle dans la cuisine.

BERNADETTE : Ce n'est pas grave. Je t'appellerai demain ! Merci, Tati !

6.9 Recyclons ! le subjonctif

La mère de Bernadette la trouve un peu trop radicale. Elle lui donne des conseils. Mettez les verbes entre parenthèses au subjonctif ou à l'indicatif.

LA MÈRE : Écoute, Bernadette, je sais que tu (s'intéresser) _____ à la politique et à l'avenir de la Martinique. C'est vraiment très admirable, mais tu es la fille la plus optimiste qui (être) _____ ! Il est naturel que tu (vouloir) _____ contribuer à la politique du pays. Pourtant, je ne veux pas que tu (confondre) _____ les rêves et la réalité. Il est douteux que la Martinique (pouvoir) _____ gagner son indépendance de la France en dix ans. Il est probable que nous (rester) _____ sous le protectorat de la France, même si nous gagnons un peu plus d'indépendance au cours de prochaines années.

6.10 Recyclons ! le passé composé, l'imparfait, le plus-que-parfait

*Bernadette décrit à sa mère le repas qu'elle a eu avec Claire au restaurant. Mettez les verbes entre parenthèses au **passé composé**, à l'**imparfait** ou au **plus-que-parfait**.*

BERNADETTE : Nous (dîner) _____ au restaurant en ville. C' (être) _____ tard quand nous (arriver) _____ de Fort-de-France et nous (avoir) _____ tous très faim. Comme tu sais, je/j' (rencontrer) _____ Claire et son ami dans l'autocar. Claire me / m'(parler) _____ du mouvement d'indépendance au Québec et je lui (décrire) _____ la situation martiniquaise. Donc, quand nous (décider) _____ de dîner ensemble, je (savoir) _____ déjà qu'elle (aller) _____ être une personne intéressante. Je / J' (être) _____ très heureuse de faire sa connaissance.

6.11 Recyclons ! l'interrogatif

La mère de Bernadette a plusieurs questions à lui poser à propos de ces étrangers. Lisez les réponses et remplissez les blancs avec l'expression interrogative (qui, que, où, quand, comment, quel, etc.) qui convient.

1. _____ est-ce que cette jeune femme veut parler à Monsieur Thibodeau ?

   — Parce qu'elle cherche un manuscrit qu'il a acheté à un bouquiniste parisien.

2. _____ a-t-il payé pour ce manuscrit ?

   — Je ne sais pas maman, mais je suis sûre que c'était assez cher. C'est un manuscrit très ancien.

3. _____ pousse cette jeune femme à chercher ce manuscrit ?

   — C'est pour sa thèse de doctorat. Elle est spécialiste en littérature française du 18ème siècle.

4. _____ le jeune homme fait avec elle ?

   — Il est son compagnon. Je pense qu'il l'aide à trouver le manuscrit.

5. Dans _____ hôtel ont-ils trouvé une chambre ?

   — Ils ont pris deux chambres au Beauséjour. L'hôtel n'était pas au complet.

6.12 Culture : quiz culturel

Que savez-vous déjà ? Répondez aux questions suivantes.

1. La capitale de la Martinique est. . . ?
   a. Paris   b. Port-au-Prince
   c. Fort-de-France   d. Pointe-à-Pitre

2. L'économie coloniale de l'île était basée sur. . . ?
   a. le tourisme   b. la canne à sucre
   c. les fruits exotiques   d. la pêche

3. Victor Schœlcher est célèbre pour avoir été. . . ?
   a. maire de Fort-de-France   b. gouverneur colonial
   c. anti-esclavagiste   d. anti-souverainiste

4. Les Français ont aboli l'esclavage en. . . ?
   a. 1635   b. 1789   c. 1848   d. 1946

5. Aimé Césaire était. . . ?

   a. un poète

   b. un activiste

   c. un Martiniquais

   d. toutes ces réponses sont valides

6. La « négritude » était. . . ?

   a. un mouvement littéraire

   b. un mouvement anti-esclavagiste

   c. un mouvement politique

   d. un mouvement souverainiste

7. Les auteurs qui soutiennent l'idée de la « créolité » voient leur société comme. . . ?

   a. une mosaïque de cultures diverses

   b. un mélange de cultures diverses

   c. une société traditionnellement africaine

   d. une société homogène

8. Quand est-ce que l'ONU a été fondée ?

   a. pendant la IIe République française

   b. pendant la IIIe République française

   c. pendant la IVe République française

   d. pendant la Ve République française

9. Combien de partis politiques légitimes y a-t-il en France aujourd'hui ?

   a. deux   b. trois   c. cinq   d. plus de six

10. Que veut dire le sigle « RPR » ?

    a. Réunion pour la République

    b. Rassemblement pour la République

    c. Républicains pour le repos

    d. Républicains pour la représentation

11. Au Québec, le Parti Québécois désire. . . ?

    a. que le Québec fasse partie du Canada

    b. que le Québec se sépare du Canada

    c. que le Québec devienne allophone

    d. que le Canada se sépare de la Grande-Bretagne

12. Au Québec, les autochtones sont les gens qui parlent. . . ?

    a. français

    b. anglais

    c. des langues africaines

    d. des langues amérindiennes

13. Quand un conteur veut attirer l'attention de son public aux Antilles, il crie. . . ?

    a. « Attention ! »

    b. « Ça alors ! »

    c. « Cric ! »

    d. « Crac ! »

14. Quand on dit « Ne t'en fais pas », le pronom **en** veut dire. . . ?

    a. là-bas   b. beaucoup   c. de soucis   d. de joie

15. Qui était Cyrano de Bergerac ?

    a. un personnage d'une comédie de Molière

    b. un écrivain

    c. un homme politique

    d. un astronaute

6.13 Culture : comparaisons

En général, aux États-Unis, il ne faut pas parler politique dans les situations sociales où on ne connaît pas très bien les gens, quoiqu'en France les discussions politiques soient plus acceptées. Faites une liste de trois ou quatre sujets politiques que vous trouvez inacceptables pour la conversation générale aux États-Unis. Ensuite, écrivez quelques phrases afin d'expliquer pourquoi ces sujets sont tabous aux États-Unis mais plus acceptables en France. Pourquoi cette différence culturelle existe-t-elle ?

_____

_____

_____

_____

_____

_____

_____

_____

_____

_____

_____

_____

_____

_____

_____

_____

_____

_____

_____

_____

_____

6.14 Littérature : suite

Une enfance créole : chemin d'école de Patrick Chamoiseau

Imaginez comment la scène dans cette école sera différente quand un nouveau maître, moins ethnocentriste et plus ouvert aux cultures diverses, enseigne l'histoire du monde aux enfants martiniquais. Qu'est-ce que ce nouveau maître leur apprendra ? Jouez le rôle du nouveau maître et écrivez un paragraphe dans lequel vous parlez des événements historiques que vous enseignerez aux élèves.

◼ Activités audiovisuelles

6.15 Avant de regarder : que savez-vous déjà ?

(a) *Que savez-vous déjà de la Martinique ? Avant de regarder la vidéo, répondez aux questions suivantes.*

1. Où se trouve la Martinique ? Quelle est sa capitale ?

   _____

   _____

2. Comment est le climat à la Martinique ? Que peut-on y faire comme touriste ?

   _____

   _____

3. Quelles cultures ont influencé la culture créole martiniquaise ?

   _____

   _____

4. Les Martiniquais peuvent-ils voter aux élections françaises ou européennes ? Pourquoi ?

   _____

   _____

5. Qu'est-ce que c'est qu'un « indépendantiste » à la Martinique ?

   _____

   _____

6. En 2005, il y avait un référendum en France pour accepter ou rejeter la constitution de l'Union Européenne. Qu'est-ce que c'est qu'un référendum ? Pensez-vous que la France ait voté pour ou contre ce référendum ? Pourquoi ?

   _____

   _____

(b) *Connaissez-vous les mots suivants ? Lisez les paragraphes suivants et essayez de comprendre le sens des mots en caractères gras (que vous allez entendre dans l'interview). Ensuite, terminez les phrases logiquement.*

1. Aux îles et aux pays tropicaux, on trouve souvent des montagnes, des **mornes** et des **volcans**. Les **mornes** sont plus petits que les montagnes mais aussi parfois plus intéressants parce qu'ils surgissent d'une terre plate. Les **volcans** sont plus dramatiques parce qu'ils peuvent érupter et détruire les villages près d'eux. _____ est un volcan.

2. En France, on peut faire beauoup de diplômes différents après avoir terminé le lycée et après avoir passé le BAC (l'examen du baccalauréat). Le **BTS**, ou brevet de technicien supérieur, est un diplôme qu'on donne aux étudiants après avoir terminé deux années d'études dans une domaine professionnelle comme le commerce ou la mécanique. Le **BTS**, c'est plus ou moins l'équivalent du diplôme américain qu'on appelle

   _____.

3. Les plantes et les arbres ont des **racines**. C'est la partie qui plonge dans le sol pour ancrer la plante ou l'arbre à la terre. C'est des **racines** que l'arbre ou la plante est nourri. Les gens ont des racines aussi, dans le sens métaphorique. Nos **racines**, c'est notre passé. Ce sont les traditions culturelles de notre famille et les souvenirs du pays natal ou de la terre d'où sont venus nos ancêtres. Pour moi, si je dois localiser où se trouvent mes **racines**, je dirai que

   mes **racines** sont _____.

6.16 Vidéo : profil personnel

Regardez l'interview du Chapitre 6 de votre vidéo « Points de vue » et puis remplissez les blancs du profil personnel en fournissant les détails sur l'intervenant que vous y rencontrez.

PRÉNOM :　　　　　　　　　　　Thierry

PAYS D'ORIGINE : _____

RÉSIDENCE ACTUELLE : _____

LANGUES PARLÉES : _____

ÉTUDES : _____

PROFESSION : _____

CARACTÉRISTIQUES PHYSIQUES : _____

_____

CARACTÈRE : _____

6.17 Vidéo : compréhension

Après avoir regardé le Chapitre 6 de la vidéo, répondez aux questions suivantes en cochant tout ce qui est vrai.

1. Thierry dit que la Martinique est près de. . . ?

   _____ Haïti   _____ Sainte-Lucie

   _____ la Dominique   _____ la Guadeloupe

   _____ Floride

2. En parlant de ses études, Thierry mentionne quelles matières. . . ?

   _____ l'économie   _____ le commerce internationale

   _____ les langues romanes   _____ la géographie

   _____ le français   _____ la littérature antillaise

   _____ l'histoire

3. Si Thierry retourne à la Martinique cette année, il ira. . . ?

   _____ voir la famille   _____ manger des plats antillais

   _____ faire du kayak   _____ se reposer à la plage

   _____ se promener en ville   _____ faire de la pêche

4. Pour être informé de la politique, Thierry. . . ?

   _____ regarde la télévision   _____ écoute la radio

   _____ consulte des sites internet   _____ lit les journaux

5. En parlant des élections, Thierry dit qu'. . . ?

   _____ il ne vote pas régulièrement

   _____ il ne peut pas voter aux États-Unis

   _____ il ne s'intéresse pas à la politique

   _____ il peut voter en France, mais ne vote pas beaucoup

   _____ il vote aux États-Unis et en France

6. Quand Thierry parle du référendum en 2005 pour la constitution européenne, il dit que. . . ?

   _____ les Français ont voté « non »

   _____ les Français ont voté « oui »

   _____ les Français n'ont pas l'impression de bénéficier de l'Europe unie

   _____ les Français veulent leur indépendance de l'Europe

7. En parlant du mouvement d'indépendance à la Martinique, Thierry dit que. . . ?

   _____ le mouvement n'existe plus

   _____ le mouvement est minoritaire

   _____ c'est un mouvement économique, politique et sociale

   _____ le mouvement est utile pour la politique des Antilles

   _____ le mouvement est inutile pour la politique des Antilles

8. Dans le premier clip de « La politique », Sophie mentionne quels partis politiques. . . ?

_____ la droite   _____ la gauche

_____ les verts   _____ les communistes

_____ le Front National

9. Dans le deuxième clip de « La politique », l'homme québécois. . . ?

_____ s'identifie comme séparatiste

_____ n'est pas séparatiste

_____ ne s'intéresse pas à l'histoire des efforts de souveraineté

_____ conseille aux gens de voir les films d'un cinéaste séparatiste

_____ conseille aux gens de boycotter les films séparatistes

6.18 Vidéo : structures

(a) Le futur et le futur antérieur : _Voici un résumé de l'interview du Chapitre 6. Après avoir regardé la vidéo, répondez aux questions suivantes. Attention à la conjugaison des verbes au_ **futur** _ou au_ **futur antérieur**.

1. Si Thierry retourne à la Martinique cette année, que fera-t-il ?

_____

_____

_____

2. Comment Thierry sera-t-il informé au moment des prochaines élections françaises ? Que fera-t-il ?

_____

_____

_____

3. Thierry terminera son doctorat l'année prochaine. Qu'est-ce qu'il aura déjà fait avant de recevoir son diplôme ?

_____

_____

_____

(b) Les pronoms d'objet et les pronoms adverbiaux : *Après avoir regardé la vidéo, indiquez si ce sont des phrases que Thierry a dit (vrai) ou n'a pas dit (faux). Ensuite, réécrivez les phrases à l'affirmatif (vrai) ou au négatif (faux) tout en remplaçant les mots soulignés avec un* **pronom d'objet défini ou indéfini**, *ou un* **pronom adverbial**.

MODÈLE : Thierry est né <u>à Paris</u>. → **F** → **Thierry n'y est pas né**.

1. Les montagnes et les mornes donnent <u>un sentiment d'immensité</u> <u>à cette île</u>.   V   F

   _____

2. Il adore transmettre <u>sa langue et sa culture</u> <u>à ses étudiantes</u>.   V   F

   _____

3. S'il retourne <u>à la Martinique</u>, c'est pour voir <u>les membres de sa famille</u>.   V   F

   _____

4. Il mangera <u>les plats américains</u> <u>dans les restaurants de Fort-de-France</u>.   V   F

   _____

5. Il s'intéresse <u>à la politique américaine</u> parce qu'elle influence <u>le monde</u>.   V   F

   _____

6. Le mouvement d'indépendance martiniquais est utile <u>aux politiciens français</u>.   V   F

   _____

6.19 Vidéo : vocabulaire

Lisez les citations suivantes et puis donnez un **synonyme**, *un* **exemple** *ou une* **définition en français** *des mots de vocabulaire en caractères gras.*

1. « J'adore **être informé** et. . . d'avoir toutes les **données** pour pouvoir **argumenter** mes **positions politiques**. »

   être informé(e) : _____

   les données : _____

   argumenter : _____

   une position politique : _____

2. « Les dernières **élections** étaient sur le **référendum** pour avoir une **constitution** européenne. . . Beaucoup de **Français** ont l'impression de ne pas **bénéficier** de l'Europe unie. »

   les élections : _____

   un référendum : _____

   une constitution : _____

   les Français : _____

   bénéficier : _____

3. « Le **mouvement** d'indépendance à la Martinique. . . est **minoritaire**, mais ce que les **indépendantistes** essaient de faire, c'est de montrer certains **abus**. . . C'est un mouvement qui est très **utile** pour la politique des Antilles. »

un mouvement (politique) : _____

minoritaire : _____

les indépendantistes : _____

les abus : _____

utile : _____

6.20 Vidéo : culture

Réfléchissez à l'interview avec Thierry et aux images de la Martinique que vous avez vues dans cette vidéo. Ensuite, répondez aux questions personnelles.

1. Les Martiniquais, étant citoyens de France et donc de l'Union Européenne, peuvent voter aux élections françaises et européennes, mais Thierry dit qu'il ne vote pas beaucoup. À votre avis, pourquoi les Martiniquais sont-ils peut-être moins intéressés à la politique européenne et plus intéressés à la politique antillaise ? Croyez-vous qu'ils aient raison ? Expliquez.

   _____

   _____

   _____

   _____

2. Thierry parle de « l'immensité » de cette petite île antillaise, et la représentation littéraire de cet espace géographique, historique et imaginaire est même le sujet de sa thèse de doctorat. À votre avis, d'où vient cette idée de l'immensité de la culture martiniquaise ? La trouvez-vous immense ? Pourquoi ou pourquoi pas ?

   _____

   _____

   _____

   _____

3. Thierry parle de son identité martiniquaise et il relie cette identité à sa famille, à la cuisine antillaise, à la langue française et à l'environnement de l'île. Il ne parle pas de son identité en tant que citoyen français. Pourquoi ? Avez-vous une identité culturelle minoritaire aux États-Unis ? Par exemple, avez-vous une identité reliée à la culture de vos ancêtres (mexicaine, italienne, africaine, brésilienne, etc.) ou une identité régionale (californienne, texane, du sud, de la nouvelle-angleterre, etc.) ? Si non, pourquoi pas ? Si oui, comment décririez-vous votre identité ?

   _____

   _____

   _____

   _____

À la maison au Sénégal

POUR RÉVISER

Activités orales

Activités écrites

Activités audiovisuelles

■ **Activités orales**

7.1 Comment dire : se plaindre

Quand elle est à Dakar, sa ville natale, Aissatou Thibodeau sort souvent afin de rendre visite à des amis et des parents. Un jour, elle va chez sa cousine où tout le monde boit du thé et se plaint de sa vie. Écoutez chaque plainte. Écrivez le sujet de la plainte et puis indiquez si la réaction à la plainte est une réaction compréhensive ou sans compassion.

MODÈLE : Vous entendez : « Il y a des animaux dans mon jardin qui mangent toutes mes belles plantes. Mais ce n'est pas possible !

— Écoute, tu exagères ! La vie, c'est comme ça. »

Vous écrivez : _____ *des animaux mangent les plantes de son jardin* _____

Vous marquez : ___x___ sans compassion

1. Problème : _____

   Réaction : _____ compréhensive _____ sans compassion

2. Problème : _____

   Réaction : _____ compréhensive _____ sans compassion

3. Problème : _____

   Réaction : _____ compréhensive _____ sans compassion

4. Problème : _____

   Réaction : _____ compréhensive _____ sans compassion

7.2 Comment dire : faire des reproches

Rentrée chez elle, Aissatou se souvient de la conversation animée chez ses parents. Il y en avait qui se plaignaient sans cesse et il y en avait d'autres qui leur faisaient des reproches. Voici quelques phrases qu'elle y a entendues. Écoutez et répétez chaque phrase à haute voix, après le narrateur, en faisant attention à votre prononciation et à votre intonation. Ensuite, indiquez si la phrase est une plainte ou bien des reproches qu'on fait à quelqu'un.

MODÈLE :　Vous entendez : « Mais de quoi te mêles-tu ? Occupe-toi de tes affaires ! »

　　　　　　Vous répétez : « Mais de quoi te mêles-tu ? Occupe-toi de tes affaires ! »

　　　　　　Vous marquez : ___x___ des reproches

1. _____ une plainte _____ des reproches

2. _____ une plainte _____ des reproches

3. _____ une plainte _____ des reproches

4. _____ une plainte _____ des reproches

5. _____ une plainte _____ des reproches

6. _____ une plainte _____ des reproches

7.3 Comment dire : exprimer le regret (dictée)

Voici un extrait d'une lettre qu'Aissatou écrit à son fils à la Martinique. Vous allez entendre le paragraphe trois fois. La première fois, écoutez attentivement. La deuxième fois, le paragraphe sera lu plus lentement. En écoutant, écrivez chaque phrase exactement comme vous l'entendez. La troisième fois, écoutez encore en relisant ce que vous avez écrit pour vérifier votre transcription.

_____

_____

_____

_____

_____

_____

_____

_____

_____

_____

■ Activités écrites

7.4 Vocabulaire : l'écologie et la vie domestique

Pendant leur séjour à Dakar, Claire et Jean-Louis profitent du beau temps afin de visiter quelques lieux touristiques. Voici quelques expressions qu'ils entendent au cours de leur visite. Quels autres mots de vocabulaire associez-vous à ces expressions ? Faites une liste de quatre ou cinq mots que vous associez aux expressions suivantes.

1. le climat désertique : _____

2. un beau jardin : _____

3. un village au bord de la mer : _____

4. un safari : _____

5. le déménagement : _____

6. un salon luxueux : _____

7.5 Structures : les prépositions

Décrivez la maison ou l'appartement où vous avez grandi : l'extérieur et l'intérieur. Faites attention à l'usage des prépositions !

_____

_____

_____

_____

_____

_____

_____

_____

_____

_____

_____

_____

_____

7.6 Structures : le conditionnel et le conditionnel passé

(a) *Aissatou parle de sa vie et de sa famille. Mettez les verbes entre parenthèses au* **conditionnel** *ou au* **conditionnel passé**.

AISSATOU : André et moi, nous nous sommes rencontrés à Paris où tous les deux, nous fai- sions des études universitaires. Je n'avais jamais l'intention de quitter Dakar, mais nous sommes tombés amoureux l'un de l'autre et nous avons dû prendre une décision. Si André avait trouvé un emploi, nous (rester) _____ à Paris, mais son père voulait qu'il travaille avec lui. Donc, nous nous sommes ins- tallés à Schœlcher. J' (vouloir) _____ rester à Paris ou bien retour- ner à Dakar, mais la décision était prise ! Je me suis adaptée facilement à la culture antillaise et nous avons eu trois enfants, des garçons. J' (aimer) _____ une fille, mais nous étions contents d'avoir trois enfants qui sont devenus des hommes respectables et prospères. L'aîné, Jacques, est le maire de Schœlcher et les deux autres ont suivi le chemin de leur père. Maintenant qu'André a plus de temps libre, nous pouvons voyager et passer du temps ici à Dakar. Nous (vouloir) _____ passer six mois ici et six mois là-bas, mais André (ne. . . pas / pouvoir) _____ se libérer pour six mois. Ce (être) _____ bien si mes fils pouvaient venir ici plus souvent aussi. Leurs enfants (s'amuser) _____ bien avec leurs cousins sénéga- lais et tout le monde (avoir) _____ le temps de se reposer et de se connaître. Mais que voulez-vous ? La vie n'est pas comme ça ! Il faut qu'on tra- vaille et qu'on gagne sa vie.

(b) *Que feriez-vous si on vous offrait un emploi à Dakar qui commencerait le lendemain du jour où vous receviez votre diplôme universitaire ? C'est l'emploi de vos rêves avec un bon salaire. Imaginez ce scénario et écrivez vos réponses aux questions suivantes.*

1. Comment prendriez-vous cette décision ? À qui parleriez-vous ? Quelles questions poseriez-vous ?

_____

_____

_____

_____

2. Accepteriez-vous l'emploi ? Pourquoi ou pourquoi pas ?

_____

_____

_____

_____

3. Disons que vous décidez d'accepter l'emploi. Partiriez-vous seul(e) ou avec quelqu'un ? Comment trouveriez-vous un appartement à Dakar ?

_____

_____

_____

_____

4. Vous vous installez à Dakar, mais vos amis aux États-Unis vous manquent. Combien de fois par an retourneriez-vous en Amérique ? Que feriez-vous pendant ces séjours ?

_____

_____

_____

_____

5. Bien sûr, vous voulez inviter des gens à Dakar. Qui inviteriez-vous ? Que feriez-vous lors de leur visite ?

_____

_____

_____

_____

7.7 Vous rappelez-vous ? les verbes *manquer* et *plaire*

Imaginons que vous travaillez à Dakar et que vous rencontrez d'autres étrangers qui parlent de leurs expériences au Sénégal. Bien sûr, il y a des choses qui leur manquent et des choses qui leur plaisent. Faites des phrases afin d'exprimer les idées suivantes en employant les verbes **manquer** *et* **plaire**.

MODÈLE : le soleil / plaire / à Jean-Louis → Le soleil lui plaît.

1. les hamburgers / manquer / à nous

_____

2. la neige / ne pas manquer / à Claire

_____

3. l'architecture / plaire / à toi

_____

4. tu / manquer / à tes amis

_____

5. les marchés en plein air / plaire / à vous

_____

6. notre famille / manquer / à nous

_____

7. ? ? ? / plaire / à moi (imaginez !)

_____

8. ? ? ? / manquer / à moi (imaginez !)

_____

7.8 Recyclons ! les pronoms compléments d'objets et les pronoms adverbiaux

Nous voulons en savoir plus sur votre vie imaginaire à Dakar. Répondez aux questions suivantes en employant autant de pronoms compléments d'objets et de pronoms adverbiaux que possible !

1. Iriez-vous souvent <u>à la plage</u> ? Resteriez-vous <u>en ville</u> ? Pourquoi ?

   _____

   _____

2. Auriez-vous encore <u>une maison</u> <u>aux États-Unis</u> ? Où ?

   _____

   _____

3. Parleriez-vous <u>de la culture américaine</u> <u>à vos nouveaux collègues</u> ? Que diriez-vous ?

   _____

   _____

4. Enverriez-vous <u>des cadeaux sénégalais</u> <u>à vos amis américains</u> ? Qu'est-ce que vous achèteriez <u>pour vos amis</u> ?

   _____

   _____

5. Aimeriez-vous visiter <u>d'autres pays africains</u> ? Lesquels ?

   _____

   _____

6. Auriez-vous apporté <u>votre livre de français</u> <u>à Dakar</u> ? Pourquoi ou pourquoi pas ?

   _____

   _____

7.9 Recyclons ! le futur et le futur antérieur

Après un long séjour à Dakar, vous vous préparez pour le retour chez vous. Vous imaginez le jour de votre départ et vous parlez de ce que vous aurez déjà fait à Dakar et de ce que vous ferez chez vous. Formez des phrases en mettant les verbes au **futur** *ou au* **futur antérieur**.

MODÈLE : je / prendre l'avion / acheter mon billet → Le jour de mon départ, je prendrai l'avion. J'aurai déjà acheté mon billet.

1. je / se lever tôt / faire mes valises

_____

_____

2. mes amis / ne pas m'accompagner à l'aéroport / me dire « au revoir » le soir avant

_____

_____

3. le douanier / inspecter mes bagages

_____

_____

4. je / acheter des souvenirs de Dakar / les mettre dans ma valise

_____

_____

5. ma famille / venir me chercher à l'aéroport aux États-Unis

_____

_____

6. nous / regarder des photos / parler de mon voyage / dîner ensemble

_____

_____

7.10 Recyclons ! la négation

Votre vol s'arrête à Paris pour embarquer de nouveaux passagers. Des enfants français, assis près de vous, vous posent beaucoup de questions à propos de votre voyage en Afrique. Répondez au négatif. Employez une expression négative différente (rien, jamais, etc.) dans chaque réponse.

1. Est-ce qu'il y a des lions *et* des giraffes à Dakar ?

   — Mais non, il _____.
   Les animaux ne se trouvent pas en ville !

2. Est-ce que *tout le monde* a parlé anglais avec vous ?

   — Non, _____.
   J'ai parlé français avec tout le monde. . . pas un seul mot d'anglais ! C'était fantastique !
   Et on m'a raconté de beaux contes africains. Voudriez-vous en entendre un ?

3. Est-ce que vous aviez *déjà* visité l'Afrique avant de faire ce voyage ?

   — Non, je _____.
   C'était mon premier voyage au continent africain.

4. Est-ce que vous nous raconterez *encore* l'histoire du singe malheureux ?

   — Désolé(e), mais je _____.
   Je suis très fatigué(e) et j'ai envie de dormir un peu. D'accord ?

7.11 Culture : quiz culturel

Que savez-vous déjà ? Répondez aux questions suivantes.

1. La capitale du Sénégal est. . . ?
   a. Saint-Louis
   b. Dakar
   c. Gorée
   d. Senghorville

2. Les langues officielles du Sénégal sont le français et. . . ?
   a. l'anglais
   b. l'arabe
   c. l'africain
   d. le wolof

3. La religion majoritaire au Sénégal est. . . ?
   a. l'animisme
   b. le catholicisme
   c. l'islam
   d. le vaudou

4. Les Français ont commencé à coloniser l'Afrique occidentale vers la fin du. . . ?
   a. 16ème siècle
   b. 17ème siècle
   c. 18ème siècle
   d. 19ème siècle

5. Qui était le premier président du Sénégal ?
   a. Léopold Sédar Senghor
   b. Napoléon III
   c. Aimé Césaire
   d. Biragio Diop

6. Lequel n'est pas un problème au Sénégal aujourd'hui ?
   a. le chômage
   b. la discrimination contre les femmes
   c. la diversité culturelle
   d. l'analphabétisme

7. Lequel n'est pas un arbre qu'on trouverait au Sénégal ?
   a. le sapin
   b. le papayer
   c. le cocotier
   d. le baobab

8. Lequel des animaux suivants ne vit pas dans l'océan atlantique ?
   a. le renard
   b. le requin
   c. le phoque
   d. la baleine

9. Une grande fleur jaune avec un centre noir et des pépins (*seeds*) mangeables est. . . ?
   a. la bougainvillée
   b. le houx
   c. le tournesol
   d. la rose

10. Claire adore les masques africains. Alors. . . ?
    a. elle leur manque
    b. elle leur plaît
    c. ils lui manquent
    d. ils lui plaisent

11. Quand on veut des vêtements propres, on doit. . . ?

    a. faire la vaisselle   b. faire la lessive

    c. épousseter   d. passer l'aspirateur

12. Dans un salon élégant, on ne trouverait pas de. . . ?

    a. canapé   b. moquette

    c. fauteuil   d. évier

13. Un verre fabriqué de plastique, qu'on utilise normalement pour boire du vin, et qui est rempli de vin est. . . ?

    a. un verre à vin   b. un verre de vin

    c. un verre en plastique   d. toutes ces réponses sont possibles

14. Pour reprocher à quelqu'un une faute, on ne pourrait pas dire. . . ?

    a. Pour qui te prends-tu !   b. N'exagérons pas !

    c. J'aurais dû te le dire !   d. Tu aurais pu me le dire !

15. Le contraire de « devant la maison » est. . . ?

    a. dans la maison   b. hors de la maison

    c. derrière la maison   d. au-dessus de la maison

7.12 Culture : comparaisons

En Afrique de l'ouest, le baobab est un arbre qui est associé à la culture et à la vie spirituelle de plusieurs groupes ethniques africains. Pouvez-vous penser à un phénomène semblable dans votre culture ? Y a-t-il quelque chose dans votre environnement qui est important à votre culture ? Décrivez le rôle de cette chose dans votre culture et comparez-le au rôle du baobab dans les cultures africaines.

_____

_____

_____

_____

_____

_____

_____

_____

_____

_____

7.13 Littérature : suite

Une si longue lettre de Miriama Bâ

Imaginez comment serait le dîner à Sangalkam, avec de l'agneau grillé et des fruits exotiques, où les personnes invitées se plaignent de leurs vies stressées à Dakar et s'émerveillent des beautés de la nature. Évidemment, ils regrettent de ne pas pouvoir passer plus de temps à la campagne. Imaginez un petit dialogue entre deux personnages.

■ **Activités audiovisuelles**

7.14 Avant de regarder : que savez-vous déjà ?

(a) *Que savez-vous déjà du Sénégal ? Avant de regarder la vidéo, répondez aux questions suivantes.*

1. Où se trouve le Sénégal ? Quelle est sa capitale ? Quel type de gouvernement y a-t-il au Sénégal ?

   _____

   _____

2. Comment est le climat au Sénégal ?

   _____

   _____

3. Quelles sont les langues officielles de ce pays ? Quelles autres langues y sont parlées ?

   _____

   _____

4. Quelle est la religion de la majorité des Sénégalais ? Que savez-vous de cette religion ?

   _____

   _____

5. Quels animaux peut-on trouver au Sénégal ? Quels plantes ou arbres ?

   _____

   _____

6. Quelles salles trouverait-on dans une maison sénégalaise typique ?

   _____

   _____

(b) *Connaissez-vous les mots suivants ? Lisez les paragraphes suivants et essayez de comprendre le sens des mots en caractères gras (que vous allez entendre dans l'interview). Ensuite, terminez les phrases logiquement.*

1. Un **être** humain, c'est un homme ou une femme. L'**être** humain est une créature complexe. Il a une psychologie, une physionomie, une langue et une culture. Donc, étudier l'**être** en soi (c'est-à-dire, l'être individuel), n'est pas facile. À part les **êtres** humains, il y a d'autres **êtres** vivants qu'on trouve sur la terre, comme _____.

2. Normalement, on ne peut pas **prévoir** les événements de l'avenir. On peut prédire en analysant les probabilités, mais l'être humain n'a pas la capacité de **prévoir** ce qui se passera. Pourtant, si on croit à la **destinée**, on croit que chaque individu a un avenir **prévu**. Il ne reste qu'à l'individu de découvrir cette **destinée prévue** par un être plus puissant. D'autres pensent que la **destinée** est créée par l'individu, par les choix qu'il/elle fait dans la vie. D'après moi, ma **destinée** est _____.

3. Nous, les Américains, on a beaucoup de choix à faire dans la vie quotidienne. Si on n'aime pas un restaurant, on peut aller dîner **ailleurs**. Il y a toujours d'autres restaurants à essayer. Si on déteste son appartement, on peut aller vivre **ailleurs**. Il y a d'autres villes et villages, d'autres immeubles et d'autres types d'appartements. Si on veut se changer d'idées, on peut aller découvrir une ville ou un paysage **ailleurs**. Ici, dans ma ville, nous avons beaucoup d'endroits intéressants, comme _____.
Si vous ne l'aimez pas, pourtant, vous pouvez aller **ailleurs**.

4. Un conte de **fée**, c'est un conte fantastique qu'on raconte aux enfants. Il y a souvent une princesse et un prince, un château et des domestiques, un beau jardin et une belle carosse. Parfois, il y a un événement ou un personnage méchant, mais il y a aussi des **fées** (des créatures fantastiques qui aident les êtres humains à surmonter leurs problèmes avec de la magique), et à la fin du conte, tout finit bien et les gens sont heureux.

   _____ est le titre d'un conte de **fée** que je connais bien.

5. À l'**aube**, le coq chante pour annoncer le commencement d'une nouvelle journée. Le crépuscule, c'est la fin de la journée quand le soleil se couche. Alors, à l'**aube**, c'est le moment où le soleil _____.

6. Quand on **déménage**, on change de logement. On prend ses affaires et on quitte un appartement ou une maison pour aller vivre dans un autre appartement ou maison. **Déménager** n'est pas facile et c'est parfois coûteux. Pourtant, quand on **déménage**, c'est pour une bonne raison. Une raison pour **déménager**, c'est _____.

7.15 Vidéo : profil personnel

Regardez l'interview du Chapitre 7 de votre vidéo « Points de vue » et puis remplissez les blancs du profil personnel en fournissant les détails sur l'intervenant que vous y rencontrez.

PRÉNOM :   Assata

PAYS D'ORIGINE : _____

RÉSIDENCE ACTUELLE : _____

LANGUES PARLÉES : _____

ÉTUDES : _____

PROFESSION : _____

CARACTÉRISTIQUES PHYSIQUES : _____

_____

CARACTÈRE : _____

7.16 Vidéo : compréhension

Après avoir regardé le Chapitre 7 de la vidéo, répondez aux questions suivantes en cochant tout ce qui est vrai.

1. Assata dit qu'elle. . . ?

   _____ a grandi à Dakar   _____ est musulmane

   _____ est mariée   _____ parle six langues

   _____ est professeur d'anglais

2. Assata dit qu'elle parle. . . ?

   _____ anglais   _____ français

   _____ arabe   _____ wolof

   _____ bambara   _____ toucouleur

   _____ sérère   _____ mindigue

   _____ créole   _____ diola

   _____ d'autres langues africaines

3. En parlant des raisons pour lesquelles elle est venue aux États-Unis, Assata mentionne. . . ?

   _____ la destinée   _____ l'économie

   _____ l'éducation   _____ la famille

4. En parlant de son appartement aux États-Unis, Assata mentionne. . . ?

   _____ la nature   _____ un salon

   _____ une cuisine   _____ une toilette

   _____ une salle à manger   _____ un balcon

   _____ un garage

5. En parlant de sa maison familiale au Sénégal, elle mentionne. . . ?

   _____ sa chambre   _____ sa famille

   _____ les rires   _____ le salon

   _____ la cuisine   _____ le jardin

   _____ l'amour

6. Quand Assata parle des animaux domestiques au Sénégal, elle mentionne. . . ?

   _____ les coqs   _____ les poules

   _____ les chevaux   _____ les moutons

   _____ les singes   _____ les chèvres

   _____ les vaches   _____ les cochons

7. En parlant du climat sénégalais, elle parle des eaux qu'on trouve dans ce pays, comme. . . ?

   _____ l'océan   _____ la mer

   _____ les lacs   _____ les fleuves

   _____ les chutes (*waterfalls*)   _____ les rivières

8. Dans le premier clip de « L'environnement », quels sont les désavantages de la vie urbaine que Smain décrit. . . ?

_____ les opportunités culturelles et sportives

_____ la communauté de gens

_____ le bruit

_____ la pollution

_____ le crime

_____ la tranquillité

9. Dans le deuxième clip de « L'environnement », Donald parle de la Suisse et il mentionne. . . ?

_____ les lacs   _____ les Alpes

_____ les océans   _____ les forêts

_____ les déserts   _____ les pâturages

_____ les châteaux   _____ les autoroutes

_____ les vieilles maisons

10. Dans le troisième clip, Thierry parle de la Martinique et il mentionne. . . ?

_____ la mer   _____ les plages

_____ le volcan   _____ la forêt tropicale

_____ les mornes

7.17 Vidéo : structures

Le conditionnel passé : Voici un résumé de l'interview du Chapitre 7. Après avoir regardé la vidéo, *remplissez les blancs en conjuguant les verbes entre parenthèses. Attention à la conjugaison des verbes* **au conditionnel passé**.

Si Assata n'avait pas lu la citation « connais-toi, toi-même », elle (ne. . . jamais / étudier) _____ la littérature africaine et elle (ne. . . pas / s'intéresser) _____ aux civilisations européennes. Si elle n'était pas venue aux État-Unis, elle (enseigner) _____ au Sénégal. Si elle avait aimé son appartement à Boston, elle y (rester) _____. Elle préfère la simplicité de son appartement dans la banlieue. Si elle avait eu plus d'argent, elle (pouvoir) _____ louer une belle maison avec un beau jardin. Mais elle est contente d'être plus près de la nature.

7.18 Vidéo : vocabulaire

Répondez aux questions suivantes d'après ce que vous avez entendu et ce que vous avez vu dans la vidéo.

1. Assata décrit son appartement aux États-Unis. Quelles salles est-ce qu'elle mentionne ? Comment décrit-elle cet appartement ?

   _____

   _____

2. Quels sont les animaux qu'on trouve à la maison au Sénégal, d'après Assata ? Quels animaux se trouvent dans votre maison ?

   _____

   _____

3. Smaïn compare la vie au petit village à la vie urbaine en Algérie. Quels sont les avantages et les désavantages de chacun ?

   _____

   _____

4. Donald décrit la Suisse comme « pittoresque ». De quels aspects de la Suisse parle-t-il ?

   _____

   _____

5. Comment est-ce que Thierry décrit la Martinique ?

   _____

   _____

7.19 Vidéo : culture

Réfléchissez à l'interview avec Assata et aux images du Sénégal que vous avez vues dans cette vidéo. Ensuite, répondez aux questions personnelles.

1. Assata dit que les animaux, les eaux et la nature sont tous une partie de la vie de l'être humain au Sénégal. À votre avis, d'où vient cette philosophie de la vie ? Croyez-vous que les Américains aient perdu ce rapport spirituel avec la nature ? Expliquez.

   _____

   _____

   _____

   _____

2. Avez-vous remarqué que quand Assata a décrit sa maison au Sénégal, elle n'a pas parlé des salles ou des meubles ou même du bâtiment ? Elle a parlé des sentiments de fraternité et d'amour qu'elle ressent quand elle y pense. Pourquoi ? Si on vous avait demandé de décrire votre maison, auriez-vous parlé de vos sentiments ou l'auriez-vous décrite physiquement ? Expliquez.

_____

_____

_____

_____

3. Quand Assata parle de ses études, elle cite un écrivain sénégalais qui a conseillé : « connais-toi, toi-même ». Comment a-t-elle interprété cette citation ? Croyez-vous que ce soit une bonne manière de connaître le monde ? Expliquez.

_____

_____

_____

_____

Un tableau suisse

POUR RÉVISER

Activités orales

8.1   Comment dire : apprécier et critiquer

8.2   Comment dire : s'opposer à quelqu'un / quelque chose

8.3   Comment dire : établir une hypothèse (dictée)

Activités écrites

8.4   Vocabulaire : les arts

8.5   Structures : le comparatif

8.6   Structures : le superlatif

8.7   Structures : les phrases de condition

8.8   Vous rappelez-vous ? les verbes irréguliers au présent

8.9   Recyclons ! le subjonctif et le subjonctif passé

8.10 Recyclons ! le passé composé, l'imparfait, le plus-que-parfait

8.11 Recyclons ! les adjectifs descriptifs

8.12 Recyclons ! les adjectifs et pronoms démonstratifs

8.13 Culture : quiz culturel

8.14 Culture : comparaisons

8.15 Littérature : suite

Activités audiovisuelles

8.16 Avant de regarder : que savez-vous déjà ?

8.17 Vidéo : profil personnel

8.18 Vidéo : compréhension

8.19 Vidéo : structures

8.20 Vidéo : vocabulaire

8.21 Vidéo : culture

■ Activités orales

8.1 Comment dire : apprécier et critiquer

Vous êtes dans un grand musée d'art aux États-Unis et il y a un groupe de touristes suisses francophones. Vous écoutez lorsqu'ils parlent des œuvres d'art. Voici quelques phrases que vous entendez. Écoutez et répétez chaque phrase à haute voix, après le narrateur, en faisant attention à votre prononciation et à votre intonation. Ensuite, indiquez si la phrase exprime une opinion favorable ou non-favorable envers l'œuvre en question.

MODÈLE : Vous entendez : « Regarde cette peinture. C'est pleine d'originalité ! »

   Vous répétez : « Regarde cette peinture. C'est pleine d'originalité ! »

   Vous marquez : _____x_____ opinion favorable

1. _____ opinion favorable   _____ opinion non-favorable

2. _____ opinion favorable   _____ opinion non-favorable

3. _____ opinion favorable   _____ opinion non-favorable

4. _____ opinion favorable   _____ opinion non-favorable

5. _____ opinion favorable   _____ opinion non-favorable

6. _____ opinion favorable   _____ opinion non-favorable

8.2 Comment dire : s'opposer à quelqu'un / quelque chose

Un des touristes est très opiniâtre. Vous n'êtes pas d'accord avec son appréciation des œuvres et vous vous opposez à son opinion. Écoutez chacune de ses opinions et dites le contraire, à haute voix, en vous servant des expressions données. Ensuite, répétez notre version d'une opinion contraire, après le narrateur, en faisant attention à votre prononciation et à votre intonation.

MODÈLE : Vous entendez : « Ce tableau est plus beau que celui de Monet. » (*Au contraire*)

   Vous dites : « Au contraire, celui de Monet est plus beau que ce tableau. »

   Vous entendez : « Au contraire, celui de Monet est plus beau que celui-ci . »

   Vous répétez : « Au contraire, celui de Monet est plus beau que celui-ci. »

1. Loin de là. . . _____

2. Contrairement à ce que vous pensez. . . _____

3. Malgré ce que vous dites. . . _____

4. Ai-je bien entendu ? . . . _____

5. Mais vous plaisantez ! . . . _____

8.3 Comment dire : établir une hypothèse (dictée)

Voici un extrait d'une carte postale qu'un des touristes suisses a écrite à son ami genevois. Vous allez entendre le paragraphe trois fois. La première fois, écoutez attentivement. La deuxième fois, le paragraphe sera lu plus lentement. En écoutant, écrivez chaque phrase exactement comme vous l'entendez. La troisième fois, écoutez encore en relisant ce que vous avez écrit pour vérifier votre transcription.

■ Activités écrites

8.4 Vocabulaire : les arts

Pendant leur séjour aux États-Unis, les touristes suisses visitent beaucoup de musées. Voici quelques expressions qu'ils entendent au cours de leur visite. Quels autres mots de vocabulaire associez-vous à ces expressions ? Faites une liste de quatre ou cinq mots que vous associez aux expressions suivantes.

1. l'impressionisme : _____

2. une exposition : _____

3. le romantisme : _____

4. un concert : _____

5. l'art moderne : _____

8.5 Structures : le comparatif

Vous discutez avec les touristes suisses dans le café du musée. Ils commencent à comparer leur pays avec les États-Unis. Faites des phrases logiques à partir des éléments donnés. N'oubliez pas de faire l'accord entre nom et adjectif. Utilisez le **comparatif.**

MODÈLE :   la Suisse / les États-Unis : grand
   La Suisse est moins grande que les États-Unis.

1. les fromages suisses / les fromages américains : bon

   _____

2. les femmes suisses / les femmes américaines : s'habiller bien

   _____

3. le ski aux Alpes / le ski aux Montagnes Rocheuses (*the Rockies*) : amusant

   _____

4. le lac Léman / les Grands Lacs : pittoresque

   _____

5. les maisons suisses / les maisons américaines : vieux

   _____

8.6 Structures : le superlatif

Les Suisses commencent à faire l'éloge de leur pays et parlent en phrases superlatives. Faites des phrases logiques à partir des éléments donnés. N'oubliez pas de faire l'accord entre nom et adjectif. Utilisez le **superlatif**.

MODÈLE : le Jet d'eau / site touristique / original

Le Jet d'eau est le site touristique le plus original du monde !

1. les Alpes / montagnes / beau

_____

_____

2. le Lac Léman / plages / paisible

_____

_____

3. les auteurs suisses / écrire / livres / touchant

_____

_____

4. Genève / ville / propre

_____

_____

5. les banques suisses / banques / bien protégé

_____

_____

8.7 Structures : les phrases de condition

(a) *Les touristes suisses vous parlent de leur voyage. Le serveur, un Américain qui parle français, intervient dans la conversation. Conjuguez les verbes entre parenthèses à un temps qui convient.*

RODOLPHE : Si nous pouvions, nous (rester) _____ aux États-Unis une semaine de plus. Si notre agent de tourisme ne nous avait pas conseillé de limiter notre voyage à dix jours, nous (décider) _____ de passer trois semaines ici.

JEANNINE : Nous voulons voir tous les sites importants. Ce (être) _____ dommage d'en manquer quelques-uns. Ah ! Si seulement je (savoir) _____ !

RODOLPHE : Mais, il est impossible de tout voir ! Si ce pays était moins grand, ce (être) _____ plus facile ! Mais dites-moi. Si vous étiez à notre place et vous n'aviez qu'une semaine à passer aux États-Unis, où est-ce que vous (aller) _____ ?

LE SERVEUR : Si j'étais à votre place, je (louer) _____ une voiture et je (traverser) _____ le pays d'une côte à l'autre. Si vous faisiez cela, vous (apprendre) _____ beaucoup plus sur notre culture.

RODOLPHE : Mais, c'est impossible. Même si nous avions pensé à louer une voiture, nous (ne. . . pas / pouvoir) _____ le faire. Nous n'avons pas de permis de conduire !

(b) *Les touristes suisses vous posent des questions. Écrivez vos réponses aux questions suivantes en employant le temps de verbe qui convient.*

1. Si vous étiez à la place de ces touristes, qui ont une semaine pour voyager aux États-Unis, qu'est-ce que vous feriez ? Où iriez-vous ? Pourquoi ?

_____

_____

_____

_____

2. Si, un jour, vous allez en Suisse, que ferez-vous ? Où irez-vous ?

_____

_____

_____

_____

3. Si vous n'aviez pas décidé d'étudier le français cette année, quelle autre langue auriez-vous aimé apprendre ? Pourquoi ?

_____

_____

_____

_____

8.8 Vous rappelez-vous ? les verbes irréguliers au présent

Au musée où vous avez rencontré les touristes suisses, il y a une exposition d'art vivant : trois peintres qui peignent le même sujet, en même temps, mais de trois styles différents. C'est comme une compétition. Vous y allez avec les Suisses qui décrivent la scène. Choisissez parmi les verbes suivants et remplissez les blancs en conjuguant les verbes au présent. Vous pouvez utiliser quelques verbes plus d'une fois.

peindre, feindre, atteindre, dépeindre

RODOLPHE : Voilà les trois peintres. Ils _____ ce bol de fruits sur la table. Le premier _____ le bol de fruits avec des couleurs vives et des formes géométriques à la façon de Picasso. Le deuxième _____ le bol selon le mode surréaliste avec des fruits qui fondent comme les montres de Dalí. Le troisième fait semblant d'être un peintre français. Avec son béret et sa moustache, il _____ d'être un peintre célèbre comme Monet ou Renoir. Sa peinture _____ le bol de fruits au style impression-niste. Les trois tableaux sont intéressants, mais un seul peintre sera le gagnant. Qui ? Voyons, c'est le deuxième qui _____ la gloire ! La compéti-tion a été très serrée !

8.9 Recyclons ! le subjonctif et le subjonctif passé

*Vous continuez de parler de la compétition avec les Suisses. Voici quelques-unes de leurs exclamations. N'oubliez pas qu'on emploie parfois le subjonctif avec des phrases superlatives quand il y a une opinion subjective. Mettez les verbes entre parenthèses au **subjonctif** ou au **subjonctif passé**.*

1. Ce musée est le musée le plus amusant qui (être) _____ !

2. Cette compétition est la compétition la plus bizarre que je (voir / jamais) _____ !

3. Les États-Unis sont le pays le plus diversifié qu'on (pouvoir) _____ visiter !

4. L'art moderne est le mouvement artistique le moins compréhensible qu'on (inventer / jamais) _____ !

5. Vous êtes la personne la plus sympathique que nous (avoir / jamais) _____ la chance de rencontrer jusqu'ici !

8.10 Recyclons ! le passé composé, l'imparfait, le plus-que-parfait

Ces touristes sont très heureux de faire votre connaissance. Ils vous décrivent ce qui leur est arrivé avant de vous rencontrer au café cet après-midi. Mettez les verbes entre parenthèses au **passé composé**, *à l'***imparfait** *ou au* **plus-que-parfait**.

Nous (arriver) _____ au musée vers 11h. Il y (avoir) _____ une queue à l'entrée du musée et il (faire) _____ mauvais, mais nous (vouloir) _____ vraiment voir cette exposition d'art vivant. Alors, on (faire) _____ la queue pendant presqu'une heure. Finalement, c'(être) _____ le moment d'acheter les billets d'entrée, et Jeannine (s'apercevoir) _____ qu'elle (ne. . . pas / avoir) _____ son portefeuille. Elle l'(laisser) _____ à l'hôtel ! Alors, nous (retourner) _____ à l'hôtel pour chercher son portefeuille avant de revenir ici. Heureusement, le jeune homme au guichet, qui nous (voir) _____ plus tôt dans la journée, il nous (inviter) _____ de dépasser la queue et d'entrer directement au musée.

8.11 Recyclons ! les adjectifs descriptifs

Vos nouveaux amis suisses parlent des œuvres qu'ils ont admirés au musée. Récrivez les phrases en ajoutant les adjectifs entre parenthèses et en faisant tous les changements nécessaires. Attention à la forme et au placement de l'adjectif (avant ou après le nom).

1. J'ai adoré la sculpture (ancien, petit) à l'entrée !

   _____

2. Quelles peintures ! (émouvant, beau)

   _____

3. Et quelles tapisseries ! (grand, élégant)

   _____

4. Ça c'est une artiste ! (imaginatif, bon)

   _____

8.12 Recyclons ! les adjectifs et pronoms démonstratifs

Les touristes suisses continuent à parler de leurs préférences. Remplissez les blancs avec un adjectif démonstratif *(ce, cette, etc.) ou un* pronom démonstratif *(celui, celle, etc.).*

J'adore _____ musée d'art. _____ exposition d'art vivant est une idée très originale. C'est plus intéressant que _____ que nous avons vue hier à l'autre musée. Entre les deux musées, je préfère _____-ci. Et je trouve que _____ artiste surréaliste est vraiment exceptionnel. Comparez son tableau avec _____ de Dalí ou de Magritte. _____ peinture-ci est un vrai chef-d'œuvre !

8.13 Culture : quiz culturel

Que savez-vous déjà ? Répondez aux questions suivantes.

1. Quelle est la capitale de la Suisse ?
   a. Genève   b. Berne   c. Lausanne   d. Zurich

2. La Conféderation helvétique est. . . ?
   a. un ancien nom pour la Suisse   b. le nom des cantons francophones
   c. un autre nom pour la Suisse   d. le nom des cantons où on parle allemand

3. Laquelle de ces villes n'est pas majoritairement francophone ?
   a. Genève   b. Neuchâtel
   c. Berne   d. Lausanne

4. Combien de cantons y a-t-il en Suisse aujourd'hui ?
   a. 10   b. 22   c. 26   d. 50

5. Napoléon Bonaparte s'est nommé empereur de la France en quelle année ?
   a. 1804   b. 1815   c. 1834   d. 1914

6. Napoléon Bonaparte est né sur quelle île ?
   a. la Martinique   b. la Corse   c. Haïti   d. l'île d'Elbe

7. En Suisse, pour dire le chiffre « 75 », on dirait. . . ?
   a. soixante-cinq   b. soixante-quinze
   c. septante-cinquante   d. septante-cinq

8. Qu'est-ce qu'une « raclette » ?
   a. un plat de fromage fondu   b. un instrument suisse
   c. un équipement sportif   d. un type de peinture suisse

9. Lequel de ces mouvements n'est pas un mouvement artistique ?

  a. le romantisme

  b. l'expressionnisme

  c. le colonialisme

  d. l'impressionnisme

10. Une esquisse est une œuvre artistique produite, normalement, en utilisant. . . ?

  a. des crayons et du papier

  b. de l'encre et du bois coupé

  c. des aquarelles et du papier

  d. des morceaux de céramique

11. Laquelle des œuvres suivantes n'est pas un tableau ?

  a. les *Nymphéas*

  b. le *Portrait de l'artiste à l'oreille coupée*

  c. le *Penseur*

  d. les *Demoiselles d'Avignon*

12. Magritte est un peintre belge dont l'œuvre est. . . ?

  a. impressionniste

  b. expressionniste

  c. symboliste

  d. surréaliste

13. Genève est une ville connue pour. . . ?

  a. sa neutralité politique

  b. ses horlogers

  c. ses sièges d'organisations internationales

  d. toutes ces réponses sont valables

14. Pour une fondue on peut utiliser. . . ?

  a. du fromage

  b. de la viande

  c. du chocolat

  d. toutes ces réponses sont valables

15. Pour montrer qu'on aime quelque chose, on ne peut pas dire. . . ?

  a. C'est vraiment frappant !

  b. C'est vraiment moche !

  c. Comme c'est original !

  d. Comme c'est éblouissant !

8.14 Culture : comparaisons

La Suisse est un pays plurilangue. Faites une liste des langues parlées en Suisse et écrivez une ou deux phrases afin d'expliquer pourquoi ces langues y sont parlées. Ensuite, faites une liste des langues parlées aux États-Unis et décrivez pourquoi ces langues y sont parlées. Ensuite, comparez le nombre de langues parlées et les raisons pour lesquelles on les parle dans chacun des deux pays. Quelles sont les différences et comment est-ce que ces différences influencent l'attitude des habitants de chaque pays envers le bilinguisme ou le multilinguisme ?

_____

_____

_____

_____

_____

_____

_____

_____

_____

_____

_____

_____

_____

_____

_____

_____

_____

_____

8.15 Littérature : suite

Corinne ou l'Italie de Germaine de Staël

Imaginez une conversation entre Corinne et Oswald au musée du Vatican. Évidemment, Corinne apprécie beaucoup la passion calme et héroïque des sculptures grecques. Oswald, mal à l'aise, trouve les sculptures trop bouleversantes (upsetting) et critique leur style. Il préfère la peinture des paysages. Imaginez un petit dialogue entre les deux personnages.

_____

_____

_____

_____

_____

_____

_____

_____

_____

_____

_____

_____

_____

_____

_____

_____

_____

_____

_____

_____

_____

■ Activités audiovisuelles

8.16 Avant de regarder : que savez-vous déjà ?

(a) *Que savez-vous déjà de la Suisse ? Avant de regarder la vidéo, répondez aux questions suivantes.*

1. Où se trouve la Suisse ? Quels pays touchent à la frontière suisse ?

_____

2. Quelle est la capitale de la Suisse ? (Attention : ce n'est pas Genève !)

_____

3. Quelles sont les langues officielles de ce pays ? Comment dit-on 70, 80 et 90 en Suisse ?

_____

_____

4. Quel type de gouvernement a la Suisse ? Comment ce pays est-il divisé ?

_____

_____

5. Pourquoi la Suisse ne fait-elle pas partie de l'Union Européenne et pourquoi est-elle le siège de beaucoup d'organisations internationales non-gouvernementales ? Expliquez.

_____

_____

6. Quels sont les produits et les industries suisses les plus connus ?

_____

_____

7. Nommez des sculpteurs européens que vous connaissez. Avec quels matériaux travaillent-ils ?

_____

_____

(b) *Connaissez-vous les mots suivants ? Lisez les paragraphes suivants et essayez de comprendre le sens des mots en caractères gras (que vous allez entendre dans l'interview). Ensuite, terminez les phrases logiquement.*

1. On peut diviser une chose en parties. Une moitié, c'est quand on le divise en deux. Un **tiers**, c'est quand on le divise en trois. Un quart, c'est quand on le divise en quatre. Alors, si on a 9 euros, le **tiers**, c'est _____.

2. Un chef de cuisine, c'est la personne qui dirige la cuisine d'un restaurant. Il est responsable pour la qualité des plats servis. Un chef d'entreprise, c'est la personne qui dirige une compagnie. Il est responsable pour le succès de la compagnie. Un **chef d'escale**, c'est la personne qui dirige le lieu de relâche et de ravitaillement pour les avions ; le lieu où les passagers embarquent et débarquent les avions à l'aéroport. Donc, un chef d'escale est responsable pour _____.

3. Aux aéroports internationaux, on trouve souvent des **boutiques hors-taxe** où on peut acheter des souvenirs, des alcools, des produits régionaux, ou même des produits de luxe sans payer les taxes au pays qu'on quitte. Les voyageurs aiment acheter des produits dans ces **boutiques hors-taxe** parce que _____.

4. Le **bois** est une ressource naturelle qui vient des arbres. On peut l'utiliser pour construire une maison ou pour faire un feu dans la cheminée. On peut aussi en faire des sculptures ou des décorations. On utilise cette **boiserie** pour orner l'intérieur ou l'extérieur d'un bâtiment. _____ est une chose qui est faite de **bois**.

5. Quand on fabrique à main une chemise et il y a du tissu qu'on n'utilise pas, ce sont les **restes** du tissu. On peut utiliser les **restes** pour faire une petite poupée. Quand sa voiture ne marche plus et le mécanicien le démonte (*to take apart*), il y a peut-être des **restes** de la voiture, comme des morceaux de métal qu'on peut utiliser pour réparer une autre voiture. Quand on dîne au restaurant et on ne finit pas son repas, il y a des **restes**. Avec ces restes, on peut _____.

8.17 Vidéo : profil personnel

Regardez l'interview du Chapitre 8 de votre vidéo « Points de vue » et puis remplissez les blancs du profil personnel en fournissant les détails sur l'intervenant que vous y rencontrez.

PRÉNOM : Donald

PAYS D'ORIGINE : _____

RÉSIDENCE ACTUELLE : _____

LANGUES PARLÉES : _____

ÉTUDES : _____

PROFESSION PASSÉE : _____

PROFESSION ACTUELLE : _____

CARACTÉRISTIQUES PHYSIQUES : _____

_____

_____

CARACTÈRE : _____

8.18 Vidéo : compréhension

Après avoir regardé le Chapitre 8 de la vidéo, répondez aux questions suivantes en cochant tout ce qui est vrai.

1. En décrivant la Suisse au début de l'interview, Donald mentionne. . . ?

   _____ les banques   _____ le chocolat

   _____ les montres   _____ le tourisme

   _____ les Alpes

2. À l'université, Donald a étudié. . . ?

   _____ le management   _____ les relations publiques

   _____ le tourisme   _____ l'aviation

   _____ la cuisine

3. En parlant de ses artistes préférés, Donald décrit les sculptures de Tangley, un artiste suisse qui utilisait quoi pour faire ses sculptures. . . ?

   _____ du marbre   _____ du métal

   _____ du bois   _____ du plastique

4. La sculpture de l'artiste Dürer, qui se trouve à Lucerne, représente. . . ?

   _____ une montre   _____ le roi Louis XVI

   _____ un massacre   _____ un lion

5. En parlant de ce qui lui manque, Donald mentionne. . . ?

   _____ sa famille   _____ la nourriture

   _____ les amis   _____ la musique

6. S'il allait voyager en Suisse cette année, où irait Donald. . . ?

_____ à Genève	_____ à Montreux
_____ à Lausanne	_____ à Zurich
_____ à Gruyère	_____ à Neuchâtel
_____ à Berne	_____ à Zermatt
_____ à Lugano	

7. D'après Donald, la Suisse est. . . ?

_____ la plus vieille confédération

_____ le pays le plus pittoresque de l'Europe

_____ le pays le plus neutre de l'Europe

_____ le pays le plus industriel de l'Europe

_____ le pays qui a le meilleur chocolat

8. Dans le clip sur « L'art », Thierry mentionne quels artistes. . . ?

_____ DaVinci	_____ Delacroix
_____ Monet	_____ Manet
_____ Magritte	_____ Matisse
_____ Renoir	_____ Rembrandt
_____ Gauguin	_____ Dalí
_____ Picasso	

8.19 Vidéo : structures

(a) Les phrases de condition : *Voici un résumé de l'interview du Chapitre 8. Après avoir regardé la vidéo, remplissez les blancs avec le verbe entre parenthèses. Attention à la conjugaison des verbes* **au temps qui convient**.

1. Si Donald n'avait pas étudié en Suisse, il (ne. . . jamais / aller) _____ au « gymnase », un type d'école particulière à la suisse.

2. Si Donald n'avait pas travaillé chez SwissAir, il (ne. . . jamais / venir) _____ aux États-Unis.

3. Si son magasin de boiserie réussit, Donald et sa femme (rester) _____ à Danvers.

4. S'il devait choisir un artiste qu'il préfère, Donald (choisir) _____ Tangley.

5. S'il n'avait pas vu les sculptures de Tangley quand il était très petit, il (oublier) _____ cet artiste.

6. S'il voyageait en Suisse cette année, il (retourner) _____ obligatoirement aux villages qu'il a aimé par le passé.

(b) Le superlatif : *Après avoir regardé la vidéo, terminez les phrases selon les opinions exprimées par Donald. Employez le superlatif.*

1. Les sculptures de Tangley sont _____ !

2. La sculpture de Dürer est _____ !

3. La nourriture suisse est _____ !

4. Le village de Zermatt est _____ !

5. La confédération suisse est _____ !

8.20 Vidéo : vocabulaire

Répondez aux questions suivantes d'après ce que vous avez entendu et ce que vous avez vu dans la vidéo.

1. D'après Donald, Tangley a fait des sculptures avec des restes de quoi ?

_____

2. Quels adjectifs Donald emploie-t-il pour décrire les sculptures de Tangley ?

_____

3. Quand et où est-ce que Tangley a exposé ses sculptures pour la première fois ?

_____

4. Quel est le sujet de la sculpture de Dürer qui se trouve à Lucerne ? Décrivez-la.

_____

5. Quels adjectifs Donald emploie-t-il pour décrire cette sculpture de Dürer ?

_____

6. Dans le clip sur « L'art », Thierry explique pourquoi il aime les surréalistes comme Dalí et Magritte. Quelle est sa raison principale ?

_____

7. Pourquoi est-ce que Thierry aime Matisse ?

_____

8.21 Vidéo : culture

Réfléchissez à l'interview avec Donald et aux images de la Suisse que vous avez vues dans cette vidéo. Ensuite, répondez aux questions personnelles.

1. Donald aime beaucoup son pays natal. Il répète plusieurs fois que la Suisse est un pays pittoresque et naturel. Si vous deviez choisir deux adjectifs pour décrire votre pays natal, quels deux adjectifs choisiriez-vous ? Pourquoi ?

   _____

   _____

   _____

   _____

   _____

2. Donald explique qu'il aime l'artiste Tangley parce qu'il a vu ses sculptures impressionnantes quand il était un petit garçon. Vous souvenez-vous d'une œuvre d'art que vous avez vue pour la première fois comme enfant ? Croyez-vous que les enfants soient plus ouverts à apprécier les arts que les adultes ? Pourquoi ou pourquoi pas ?

   _____

   _____

   _____

   _____

   _____

3. Donald dit que, pour lui, être suisse, c'est « se sentir neutre ». D'où vient cette idée de neutralité ? Est-ce que vous vous sentez « neutre » vivant en Amérique du nord ? Expliquez pourquoi ou pourquoi pas en comparant votre sentiment à celui de Donald.

   _____

   _____

   _____

   _____

   _____

Une affaire provençale

POUR RÉVISER

Activités orales

Activités écrites

Activités audiovisuelles

■ **Activités orales**

9.1 Comment dire : diminuer ou accentuer l'importance d'un fait

Vous êtes en Provence en voyage d'affaires. Vous écoutez lorsque Hervé, un de vos collègues, parle des problèmes qu'il a rencontrés en attirant un nouveau client. Voici quelques phrases que vous entendez. Écoutez et répétez chaque phrase à haute voix, après le narrateur, en faisant attention à votre prononciation et à votre intonation. Ensuite, indiquez si la personne a diminué ou accentué l'importance de ce qu'il a fait.

MODÈLE :   Vous entendez : « J'ai mal prononcé son nom. Mais il n'y avait pas de mal ! »

Vous répétez : « J'ai mal prononcé son nom. Mais il n'y avait pas de mal ! »

Vous marquez : _____x_____ diminué

1. _____ diminué   _____ accentué

2. _____ diminué   _____ accentué

3. _____ diminué   _____ accentué

4. _____ diminué   _____ accentué

5. _____ diminué   _____ accentué

6. _____ diminué   _____ accentué

9.2 Comment dire : s'expliquer (dictée)

Voici un extrait d'une lettre d'affaires que vous avez reçue du PDG de votre compagnie. Vous allez entendre le paragraphe trois fois. La première fois, écoutez attentivement. La deuxième fois, le paragraphe sera lu plus lentement. En écoutant, écrivez chaque phrase exactement comme vous l'entendez. La troisième fois, écoutez encore en relisant ce que vous avez écrit pour vérifier votre transcription.

_____

_____

_____

_____

_____

_____

_____

_____

_____

_____

_____

_____

_____

_____

_____

_____

_____

_____

_____

_____

_____

_____

_____

9.3 Comment dire : exprimer une obligation

Votre collègue Hervé est dans le bureau de son patron où il promet d'améliorer sa performance professionnelle. Écoutez chacune de ses phrases et répétez-la à haute voix, en ajoutant les expressions indiquées. Répétez encore après le narrateur en faisant attention à votre prononciation et à votre intonation.

MODÈLE : Vous entendez : « Je promets de faire attention à bien prononcer les noms des clients. » (Je vous le garantis !)

Vous dites : « Je promets de faire attention à bien prononcer les noms des clients. Je vous le garantis ! »

Vous entendez : « Je promets de faire attention à bien prononcer les noms des clients. Je vous le garantis ! »

Vous répétez : « Je promets de faire attention à bien prononcer les noms des clients. Je vous le garantis ! »

1. Pas moyen de faire autrement.

2. Soyez sans crainte, je le ferai.

3. Vous pouvez compter sur moi.

4. Je ferai tout ce que je dois faire.

5. Je vous donne ma parole.

■ Activités écrites

9.4 Vocabulaire : les affaires

Pendant votre voyage en Provence, vous entendez plusieurs expressions qui se rapportent au monde des affaires. Quels autres mots de vocabulaire associez-vous à ces expressions ? Faites une liste de quatre ou cinq mots que vous associez aux expressions suivantes.

1. une grève : _____

   _____

2. le siège d'une entreprise : _____

   _____

3. la bourse : _____

   _____

4. le marketing : _____

   _____

5. la technologie : _____

   _____

9.5 Structures : les pronoms relatifs

(a) *Vous écrivez un rapport pour votre patron et vous voulez faire des phrases sophistiquées. Reliez les deux phrases données en employant un* **pronom relatif**.

MODÈLE : J'ai parlé à des clients. Les clients s'intéressent à nos produits.
J'ai parlé à des clients *qui* s'intéressent à nos produits.

1. J'ai fait une liste de produits. Les clients ont besoin de ces produits.

   _____

2. Nous jouissons d'une réputation aux États-Unis. La réputation est bonne.

   _____

3. J'ai un ordinateur. Je travaille sur l'ordinateur cinq heures par jour.

   _____

4. Je fais de la recherche sur nos compétiteurs. Nos compétiteurs sont nombreux.

   _____

5. Il y a plusieurs produits nouveaux. Nous devons étudier ces produits.

   _____

6. J'aime bien travailler chez moi. Chez moi, il n'y a pas de distractions.

   _____

7. J'ai parlé à des clients. Ces clients voudraient renouveler leurs commandes.

   _____

8. Je travaille le plus souvent avec une équipe. Je travaille avec l'équipe du marketing.

   _____

(b) *Il y a un nouveau stagiaire* (intern) *dans le bureau. C'est son premier emploi dans un milieu professionnel et il vous interrompt avec beaucoup de questions. Décrivez pour lui ce que sont les choses suivantes en employant un pronom relatif.*

MODÈLE : un comptable (une personne)
C'est une personne qui s'occupe de l'argent que l'on dépense et que l'on gagne.

1. le PDG (une personne) _____

   _____

2. un fax (une machine) _____

   _____

3. la bourse (un lieu) _____

_____

4. des photocopies (des documents) _____

_____

5. une organisation à but non-lucratif (une organisation) _____

_____

6. un FAI (une compagnie) _____

_____

9.6 Structures : la voix passive et la voix active

*Vous retournez au rapport que vous écrivez et vous remarquez que vous avez trop souvent employé la voix passive. Corrigez vos phrases en les mettant à la **voix active**.*

MODÈLE : Les comptes ont été réglés par moi.

J'ai réglé les comptes.

1. Les documents ont été classés par le stagiaire.

_____

2. Nos produits sont vendus dans dix grands magasins américains.

_____

3. Les publicités ont été publiées dans les journaux par l'équipe du marketing.

_____

4. Beaucoup de questions seront posées par nos clients.

_____

5. Des rabais intéressants devraient être offerts aux clients fidèles.

_____

9.7 Vous rappelez-vous ? l'usage du verbe *devoir*

*Le patron est fâché contre votre pauvre collègue Hervé qui continue de faire des bêtises. Voici ce qu'il lui dit. Remplissez les blancs avec une conjugaison du verbe **devoir** à un temps convenable.*

LE PATRON : Mais vous _____ être fou ! Je vous ai dit que tout ce que vous

_____ faire c'était de téléphoner à Monsieur Arnaud et de lui dire

combien il nous _____ pour le chargement (*shipment*) que nous

lui avons envoyé hier. Mais, vous, vous _____ toujours vous

tromper. Enfin, j'imagine que vous _____ vous tromper parce

que vous lui avez indiqué une somme qui est le triple de la somme qu'il

_____ payer ! Ce n'est pas possible ! J'en ai assez de vos erreurs !

9.8 Recyclons ! les phrases de condition

Votre collègue a de sérieux problèmes. Il réfléchit à ses possibilités en ce qui concerne son avenir. Mettez les verbes entre parenthèses à un temps convenable.

1. Si le patron me renvoie, je (partir) _____ sans me plaindre. Avouons-le, je ne suis pas fait pour les affaires !

2. Mais, s'il me donne la possibilité de réparer ma faute, je lui (promettre) _____ de ne plus faire des bêtises.

3. Je ferais de mon mieux s'il m'en (donner) _____ l'occasion.

4. S'il n'avait pas été si exigeant, je (ne. . . pas / être) _____ si nerveux au travail.

5. Mais vraiment, si je devais choisir une autre carrière, je (choisir) _____ d'être acteur. . . ou au moins comédien !

9.9 Recyclons ! les pronoms compléments d'objets et les pronoms adverbiaux

Vous parlez au stagiaire de ce qui se passe au bureau. Réécrivez les phrases en remplaçant les mots soulignés avec un pronom complément d'objet direct ou indirect ou un pronom adverbial.

MODÈLE : Hervé m'a parlé <u>de ses problèmes</u>.

Hervé m'en a parlé.

1. Nous avons donné <u>les documents</u> <u>au secrétaire</u>.

_____

2. Le patron a placé <u>des publicités</u> <u>dans les journaux américains</u>.

_____

3. Nos clients posent beaucoup <u>de questions</u> <u>aux membres de notre équipe</u>.

_____

4. Nous irons <u>à la réunion</u> afin de parler <u>à Hervé</u>.

_____

9.10 Recyclons ! les prépositions

Hervé n'est pas très bon avec les clients, mais son bureau est très organisé. Il peut toujours mettre la main sur le document ou l'objet dont on a besoin. Le stagiaire, pourtant, ne sait pas où trouver ce dont il a besoin. Il a toujours tort. Récrivez ses phrases en mettant l'opposée de la préposition soulignée.

MODÈLE : Les stylos sont <u>sous</u> le bureau ?
Non, les stylos sont _sur_ le bureau !

1. Le fax est <u>loin de</u> l'ordinateur ?

_____

2. Les documents sont <u>devant</u> cette chaise ?

_____

3. L'agrafeuse (_stapler_) est <u>à gauche de</u> la lampe ?

_____

4. Le dossier est <u>au-dessus des</u> livres ?

_____

9.11 Recyclons ! les adjectifs et pronoms possessifs

En fin de compte, Hervé ne perd pas son job aujourd'hui. Les employés s'apprêtent à rentrer chez eux et ils distribuent les objets trouvés autour du bureau. Remplissez les blancs avec un adjectif possessif (mon, ton, son, etc.) ou un pronom possessif (le mien, le tien, etc.) selon le propriétaire indiqué. Faites attention à faire l'accord entre le nom et l'adjectif ou le pronom.

MODÈLE :   Les stylos sont à moi. Ce sont <u>mes</u> stylos. Ce sont <u>les miens</u> !

1. L'agrafeuse (*f.*) est à toi. C'est _____ agrafeuse. C'est _____ !

2. Les dossiers sont à nous. Ce sont _____ dossiers. Ce sont _____ !

3. La calculatrice est à Hervé. C'est _____ calculatrice. C'est _____ !

4. Ces messages sont à eux. Ce sont _____ messages. Ce sont _____ !

9.12 Culture : quiz culturel

Que savez-vous déjà ? Répondez aux questions suivantes.

1. La Provence est. . . ?
   a. une région en France
   b. une ville dans le sud de la France
   c. un département d'outre-mer
   d. tout ce qui n'est pas la région parisienne

2. Qu'est-ce qu'on peut trouver en Provence ?
   a. des plages
   b. des vignobles
   c. des ruines romaines
   d. toutes ces réponses sont valables

3. Quel endroit n'est pas en Provence ?
   a. Cannes   b. Coppet   c. la Camargue   d. la Côte d'Azur

4. La Provence s'est unie à la France sous Charles VII en quelle année ?
   a. 1377   b. 1487   c. 1804   d. 1946

5. Laquelle n'est pas une région en France ?
   a. Bordeaux   b. Champagne   c. Bretagne   d. Alsace

6. En Camargue, on ne trouverait pas. . . ?
   a. de taureaux sauvages
   b. de chevaux sauvages
   c. de singes sauvages
   d. de marécages

7. Quel auteur a gagné un prix Nobel pour ses poèmes en provençal ?
   a. Alfred de Vigny
   b. Alphonse Daudet
   c. Frédéric Mistral
   d. Jean de La Fontaine

8. Le provençal est. . . ?

    a. une langue d'oc
              b. une langue romane

    c. une langue d'oïl
             d. les réponses (a) et (b) sont valables

9. Qui a plus de responsabilités dans une société ?

    a. le secrétaire
              b. le technicien

    c. le gérant
              d. le directeur-général

10. Si on veut investir son argent dans une société anonyme, on achète. . . ?

    a. des marques
              b. des actions

    c. des bénéfices
             d. la bourse

11. Si on est en France avec une carte bancaire et on veut retirer de l'argent de son compte, on cherche. . . ?

    a. le SMIC
        b. l'EDF
        c. un DAB
        d. un OVNI

12. Le sigle PNB veut dire. . . ?

    a. produit national brut
              b. produit normal de bénéfices

    c. presse non-bénévole
             d. presse nationale bilingue

13. Laquelle des phrases suivantes est une litote ?

    a. « Pas de panique »
             b. « Soyez sans crainte »

    c. « Je ne le déteste pas »
          d. « Je te le promets »

14. L'expression « entre chien et loup » se dit pour décrire quel moment de la journée. . . ?

    a. midi
              b. le lever du soleil

    c. minuit
              d. le coucher du soleil

15. Si vous assistiez à une corrida, vous verriez quel type d'animaux ?

    a. des lions
              b. des chèvres

    c. des loups
              d. des taureaux

9.13 Culture : comparaisons

Est-ce que l'idée du régionalisme existe aux États-Unis ? Quels sont les caractéristiques de votre région ?
Peut-on lier les traditions régionales à l'histoire de la région ? Comparez votre région et ses problèmes à la
région provençale et sa situation vis-à-vis de la culture française ou même de la culture européenne.
Y a-t-il des différences ou des similarités ?

_____

_____

_____

_____

_____

_____

_____

_____

_____

_____

_____

_____

_____

_____

_____

_____

_____

_____

_____

_____

_____

9.14 Littérature : suite

Lettres de mon moulin d'Alphonse Daudet

Imaginez une rencontre entre le narrateur (Daudet) et son ami, l'écrivain Gringoire, qui était le destinataire de son conte. Un mois s'est écoulé après que Gringoire a reçu la lettre et le conte de Daudet. Est-ce que Gringoire a suivi les conseils de son ami ou non ? Est-il reconnaissant ou fâché ? Écrivez un petit dialogue entre les deux personnages.

_____

_____

_____

_____

_____

_____

_____

_____

_____

_____

_____

_____

_____

_____

_____

_____

_____

_____

_____

_____

_____

■ Activités audiovisuelles

9.15 Avant de regarder : que savez-vous déjà ?

(a) *Que savez-vous déjà des régions en France ? Avant de regarder la vidéo, répondez aux questions suivantes.*

1. Quelles régions se trouvent dans le sud de la France ? Nommez deux ou trois.

   _____

2. Quelles sont les plus grandes villes dans le sud de la France ?

   _____

3. Comment est le climat du Midi (un autre nom pour le sud de la France) ?

   _____

4. Quels produits ou industries sont populaires dans le sud de la France ?

   _____

5. Quand s'est passé la Révolution française ? Quel document a été écrit suite à cette révolution (pour vous aider : c'est une « déclaration ») ?

   _____

6. Quelles guerres ont eu lieu en France au 20ème siècle ?

   _____

7. Que savez-vous des régions et des dialectes régionales ? Remplissez la grille suivante ! Consultez une carte ou l'internet, si nécessaire.

RÉGION	LOCALISATION EN FRANCE	VILLE PRINCIPALE	DIALECTE	PRODUITS TRADITIONNELS
Provence	sud-est	Marseille	l'occitan (le provençal)	la lavande les parfums le Pastis la bouillabaisse les tissus colorés
Basque				
Bretagne				
Alsace				

(b) *Connaissez-vous les mots suivants ? Lisez les paragraphes suivants et essayez de comprendre le sens des mots en caractères gras (que vous allez entendre dans l'interview). Ensuite, terminez les phrases logiquement.*

1. Une route à deux **voies**, c'est une route où deux voitures peuvent aller dans la même direction à côté l'une de l'autre. Alors, une **voie**, c'est une route ou un chemin. Métaphoriquement, une **voie** veut aussi dire une carrière ou une vocation qu'on poursuit.

   Ma **voie**, c'est _____.

2. Parmi les fruits de mer qu'on peut manger, il y a beaucoup de créatures bizarres. Les **poulpes** sont des animaux avec une grosse tête au centre et huit bras flexibles. Les **poulpes** ressemblent un peu aux calmars. À mon avis, manger les **poulpes**, c'est

   _____.

3. Il y a plusieurs types d'industries en France. L'**industrie de pointe**, par exemple, c'est toutes les entreprises de haute technologie. L'**industrie lourde**, c'est la fabrication de grosses machines. L'**industrie de service**, c'est toutes les entreprises qui offrent des services au public. Alors, un hôtel, c'est une industrie _____. Une usine qui fabrique des voitures, c'est une industrie _____. Une compagnie qui développe de nouveaux programmes informatiques, c'est une industrie _____.

4. Pour les pays de tradition catholique, comme la France, il y a toujours une fête religieuse à célébrer. En hiver, on fête Noël, c'est pour fêter la naissance de Jésus. On offre des cadeaux et on décore un arbre. Au printemps, on fête le **Pâques**, c'est pour commémorer l'ascension de Jésus au ciel. En France, on fête le **Pâques** avec de gros œufs en chocolat pour les enfants. Aux États-Unis, le **Pâques** est associé avec un petit animal qui s'appelle

   _____.

5. Claire ne savait pas ce que Gilles LaFfont faisait. Mais, après avoir parlé avec lui en Provence, **elle s'est rendue compte** de son vrai but. Parfois, il faut beaucoup d'explications pour **se rendre compte** des motivations des hommes. D'autres fois, **vous vous rendez compte** tout de suite. **Je me suis rendu(e) compte** que Jean-Louis cherchait le même manuscrit que Claire quand _____.

6. Si on veut qu'un produit ou un service ou une idée réussisse, on peut le **promouvoir** en parlant du produit aux autres ou en créant des publicités. Si on trouve un produit mauvais ou dangereux, on peut **bannir** le produit de sa maison ou d'un magasin. Si vous vouliez **promouvoir** le programme de français à votre école, vous pourriez

   _____. Si votre professeur **bannissait** l'anglais de votre salle de classe, vous _____ _____.

7. Si on est riche, on peut avoir une vie de **luxe**. On peut s'acheter des luxes comme une télé géante, un ordinateur hyper-performant, une belle voiture ou un magnum de champagne. Mais, si on oublie que ces choses sont des **luxes** et si on commence à s'attendre à ce qu'on vous donne toujours des choses **luxueuses**, on peut devenir **gâté(e)**. C'est-à-dire, ne plus apprécier les **luxes**. Alors, moi j'aime les **luxes**, comme _____. Mais je ne suis pas **gâté(e)** !

9.16 Vidéo : profil personnel

Regardez l'interview du Chapitre 9 de votre vidéo « Points de vue » et puis remplissez les blancs du profil personnel en fournissant les détails sur l'intervenant que vous y rencontrez.

PRÉNOM :   Catherine

PAYS D'ORIGINE : _____

RÉGION D'ORIGINE :   Languedoc-Roussillon

RÉSIDENCE ACTUELLE : _____

LANGUES PARLÉES : _____

ÉTUDES : _____

PROFESSION : _____

CARACTÉRISTIQUES PHYSIQUES : _____

_____

CARACTÈRE : _____

9.17 Vidéo : compréhension

Après avoir regardé le Chapitre 9 de la vidéo, répondez aux questions suivantes en cochant tout ce qui est vrai.

1. Catherine voulait venir aux États-Unis parce que. . . ?
   _____ elle rêvait toujours des États-Unis
   _____ sa grand-mère lui avait parlé de la libération de la France par les Américains
   _____ elle voulait gagner de l'argent
   _____ elle voulait un changement
   _____ sa mère voulait qu'elle étudie la médecine

2. En parlant de son avenir, Catherine mentionne. . . ?
   _____ être médecin   _____ enseigner le français
   _____ devenir chef de cuisine   _____ se marier à un soldat américain

3. En parlant de ce qui lui manque, Catherine mentionne. . . ?
   _____ la nourriture   _____ le poisson
   _____ le poulet   _____ les croissants
   _____ la viande   _____ la lavande
   _____ les mimosas   _____ le climat méditerranéen

4. En ce qui concerne les industries et les produits régionaux du sud-ouest de la France, Catherine mentionne. . . ?
   _____ les fruits de mer   _____ le tourisme
   _____ les parfums   _____ la technologie
   _____ l'informatique   _____ le chômage

5. En décrivant ses souvenirs de Provence, Catherine mentionne. . . ?

_____ les vacances   _____ les champs de lavande

_____ les jeux de pétanque   _____ les marchés en plein air

_____ la diversité ethnique   _____ le soleil

_____ les pêcheurs

6. Quand Catherine parle de l'intérêt renouvelé aux dialectes en France, elle dit qu'on avait banni. . . ?

_____ le français   _____ le breton

_____ le basque   _____ l'alsacien

_____ le catalan   _____ l'anglais

7. Quand Catherine parle de son identité française, elle mentionne. . . ?

_____ les droits établis après la Révolution française

_____ les cathédrales   _____ les musées

_____ les luxes   _____ la famille

_____ le champagne   _____ la nourriture

8. Dans le premier clip sur « Les affaires », Véronique dit qu'elle peut travailler dans. . . ?

_____ une banque   _____ une université

_____ une compagnie d'assurances   _____ un hôtel

9. Dans le deuxième clip sur « Les affaires », Donald parle de quelles industries et produits suisses. . . ?

_____ les banques   _____ les montres

_____ le chocolat   _____ la fabrication de machines

_____ la fabrication d'armements   _____ la fabrication pharmaceutique

_____ l'agriculture

10. Dans le troisième clip sur « Les affaires », Smain parle de quelles industries et produits algériens. . . ?

_____ l'agriculture   _____ la fabrication de tapis berbères

_____ le tourisme   _____ le pétrole

_____ la pêche

9.18 Vidéo : structures

Les pronoms relatifs : *Après avoir regardé la vidéo, terminez les phrases suivantes en choisissant un des pronoms relatifs entre parenthèses et en expliquant les mots donnés.*

1. Le Languedoc-Roussillon, c'est une région (qui / où) _____

   _____

2. Le français, c'est une langue (qui / que) _____

   _____

3. Les États-Unis est le pays (dont / où) _____

   _____

4. La « tielle », c'est une tarte (qui / que) _____

   _____

5. Le tourisme est une industrie (qui / dont) _____

   _____

6. Le catalan est le dialecte (que / avec lequel) _____

   _____

7. Les petites luxes sont des choses (que / dont) _____

   _____

9.19 Vidéo : vocabulaire

Répondez aux questions suivantes d'après ce que vous avez entendu et ce que vous avez vu dans la vidéo. Attention à l'usage des articles et du partitif !

1. Catherine parle des produits et des industries les plus importants dans le sud de la France. Nommez-les.

   _____

2. Pourquoi est-ce qu'il y a « un taux de chômage assez fort » dans le sud, d'après Catherine ?

   _____

3. D'après Véronique, dans le premier clip sur « Les affaires », quels sont les avantages de son métier en informatique ?

   _____

4. D'après Donald, quelle est l'industrie la plus importante en Suisse ? Quelle est la deuxième industrie suisse ? Où sont les montres et les chocolats dans ce classement d'industries ?

_____

_____

5. D'après Smain, quelle industrie algérienne devrait être développée ? Pourquoi ?

_____

_____

9.20 Vidéo : culture

Réfléchissez à l'interview avec Guimy et aux images de Haïti que vous avez vues dans cette vidéo.
Ensuite, répondez aux questions personnelles.

1. En France, le tourisme et l'industrie de pointe sont très importants à l'économie nationale. En Suisse, c'est l'industrie lourde et l'industrie pharmaceutique. En Algérie, c'est le pétrole et l'agriculture. Quelles sont les industries les plus importantes aux États-Unis ? et dans votre région ? Comment est-ce que ces industries influencent la culture de votre région ? Voyez-vous leurs effets tous les jours ?

_____

_____

_____

_____

2. Catherine parle de la redécouverte des dialectes régionales en France. Pourquoi, à son avis, est-ce qu'on devrait promouvoir les dialectes régionales ? Est-ce qu'on essaie de promouvoir les dialectes et les langues étrangères aux États-Unis ? Expliquez.

_____

_____

_____

_____

3. Catherine dit que, pour elle, être française, c'est « aimer beaucoup les choses luxueuses, mais par petites doses. » Est-ce que cette idée de modération et de mesure existe aux États-Unis ? Comparez les deux cultures en ce qui concerne la mentalité à propos des luxes et des indulgences.

_____

_____

_____

_____

De retour au Québec

POUR RÉVISER

Activités orales

Activités écrites

Activités audiovisuelles

■ **Activités orales**

10.1 Comment dire : exprimer les émotions

Vous êtes au Québec pour les jeux Olympiques d'hiver. Vous écoutez les interviews des joueurs sportifs à la télé dans votre chambre d'hôtel. Écoutez les descriptions des émotions des joueurs. Répétez chaque réplique après le narrateur, en faisant attention à votre prononciation et à votre intonation. Ensuite, indiquez de quelle émotion il s'agit en soulignant la bonne réponse.

MODÈLE : Vous entendez : « Quel bonheur ! Je suis en pleine forme. »

Vous répétez : « Quel bonheur ! Je suis en pleine forme. »

Vous marquez : _____*le bonheur*_____

1. le bonheur	la tristesse	le choc	la peur	la colère
2. le bonheur	la tristesse	le choc	la peur	la colère
3. le bonheur	la tristesse	le choc	la peur	la colère
4. le bonheur	la tristesse	le choc	la peur	la colère
5. le bonheur	la tristesse	le choc	la peur	la colère
6. le bonheur	la tristesse	le choc	la peur	la colère
7. le bonheur	la tristesse	le choc	la peur	la colère
8. le bonheur	la tristesse	le choc	la peur	la colère

10.2 Comment dire : conclure une histoire (dictée)

Voici un extrait de la fin d'une longue lettre qu'une amie québécoise vous a écrite et dans laquelle elle parle de son divorce. Vous allez entendre le paragraphe trois fois. La première fois, écoutez attentivement. La deuxième fois, le paragraphe sera lu plus lentement. En écoutant, écrivez chaque phrase exactement comme vous l'entendez. La troisième fois, écoutez encore en relisant ce que vous avez écrit pour vérifier votre transcription.

■ Activités écrites

10.3 Vocabulaire : la santé et les sports

Pendant votre voyage au Québec, vous entendez beaucoup de gens qui parlent des sports et de la santé. Terminez les phrases suivantes avec des mots de vocabulaire appropriés.

1. Si on aime la neige, on peut faire beaucoup de sports, comme _____,

   _____, _____ ou même _____.

2. Par contre, ceux qui préfèrent les sports nautiques devraient essayer

   _____, _____, _____ ou bien

   _____.

3. Personnellement, comme spectateur, je préfère regarder des sports d'équipe. J'adore

   regarder les matchs de _____, de _____ ou de

   _____.

4. On sait qu'on a la grippe quand on souffre des symptômes suivants :

   _____, _____, _____ ou

   _____.

5. Il y a des médecins pour chaque équipe aux jeux Olympiques. Ils ont tous les remèdes à

   tout mal possible. Si l'athlète est enrhumé(e), ils ont _____ et

   _____. Si l'athlète se casse la jambe, ils ont _____ et

   _____.

10.4 Structures : les adjectifs et pronoms indéfinis

Vous écoutez lorsque les compétitions sportives continuent. Voici quelques observations que vous entendez des autres spectateurs. Récrivez les phrases en substituant un pronom indéfini à l'expression en caractères gras.

MODÈLE : **Chaque skieur** sait ce qu'il doit faire.

_____ *Chacun* _____ **sait ce qu'il doit faire.**

1. **Quelques joueurs** de hockey sont blessés.

   _____

2. **Tous les spectateurs** s'attendent à un bon match.

   _____

3. Respecter les règles est la responsabilité de **chaque individu**.

   _____

4. J'irais à **n'importe quelle ville** afin d'assister aux jeux Olympiques.

   _____

5. **Toutes les routes** mènent aux pistes de ski.

   _____

6. Je veux voir **chaque événement**.

   _____

7. Il est évident que **plusieurs juges** ont voté contre les patineuses américaines.

   _____

8. Je connais **quelques** patineuses qui sont ici.

   _____

10.5 Structures : le discours indirect

*Il y a du monde dans tous les restaurants à Québec. Vous y allez avec de nouveaux amis québécois, mais vous n'arrivez pas à entendre les gens qui sont assis de l'autre côté de la table. Vous demandez à votre voisin de répéter ce que les autres disent. Récrivez les phrases en employant le **discours indirect**.*

MODÈLE : « Ce restaurant est un bon choix. »

   Elle a dit que ce restaurant était un bon choix.

1. « Regardons les menus ! »

   Ils ont dit de _____

2. « Il faut essayer un plat québécois. »

Elle dit qu' _____

3. « Prendrez-vous du vin ? »

Il a demandé si _____

4. « Nous vous offrons une bouteille. »

Elle a ajouté qu' _____

5. « L'équipe canadienne a fait un bon effort aujourd'hui. »

Ils ont insisté que _____

6. « Je préférerais assister aux jeux d'été. »

Elle a avoué qu' _____

7. « Nous y irons un jour. »

Il a répondu qu' _____

8. « L'équipe canadienne est la meilleure ! »

Tout le monde a affirmé que _____

10.6 Vous rappelez-vous ? les verbes irréguliers

Voici quelques personnages historiques célèbres au Québec. Écrivez une phrase pour décrire la vie de chaque personne. Utilisez chaque expression de la liste suivante une fois seulement afin de varier votre façon de décrire les dates de naissance et de mort de chaque personne.

naître, venir au monde, arriver au monde, mourir, décéder, expirer

1. Jacques Cartier, explorateur (1491–1557) _____

_____

_____

_____

2. Samuel de Champlain, colonisateur (1567–1635) _____

_____

_____

_____

3. Marie de l'Incarnation, religieuse et fondatrice du couvent des Ursulines (1599–1672)

_____

_____

_____

10.7 Recyclons ! les pronoms relatifs

Il y a beaucoup d'enfants qui assistent aux compétitions sportives des jeux Olympiques. Quelques-uns vous posent des questions à propos des sports américains. Décrivez pour eux ce que sont les choses suivantes en employant un **pronom relatif**.

MODÈLE : un entraîneur (une personne)

C'est une personne qui aide les joueurs à améliorer leur performance sportive.

1. une piscine (un lieu) _____

_____

2. un VTT (une bicyclette) _____

_____

3. un stade (un lieu) _____

_____

4. des patins (des chaussures) _____

_____

5. des béquilles (des bâtons) _____

_____

6. une casquette de baseball (un chapeau) _____

_____

10.8 Recyclons ! le subjonctif et le subjonctif passé

(a) *Les spectateurs offrent souvent des conseils aux athlètes, et bien sûr, ils expriment beaucoup d'émotions en regardant les jeux. Remplissez les blancs en conjuguant les verbes au* **subjonctif**, *au* **subjonctif passé** *ou à l'*indicatif.

1. Il est nécessaire que vous (aller) _____ plus vite !

2. Nous sommes surpris que les juges n'(intervenir) _____ pas dans ce cas.

3. On est triste que l'équipe belge (perdre) _____ le match hier soir !

4. Il est probable que les skieurs (vouloir) _____ encore de la neige sur les pistes.

5. Je pense que nous (commencer) _____ à gagner !

6. Ils voudraient que leurs athlètes (être) _____ mieux préparés !

(b) *Avez-vous des conseils pour les gens suivants que vous voyez aux jeux Olympiques ? Donnez des conseils en employant le subjontif, le subjontif passé, ou l'indicatif.*

1. une patineuse qui pleure parce qu'elle a déchiré sa jupe :

   _____

   _____

2. un skieur qui s'est cassé la jambe :

   _____

   _____

3. des enfants qui veulent regarder un match de hockey mais qui n'ont pas de billets d'entrée :

   _____

   _____

4. un compagnon qui est enrhumé et ne peux pas quitter sa chambre d'hôtel :

   _____

   _____

5. l'équipe de ski du Sénégal, qui vient de perdre tout espoir à gagner une médaille :

   _____

   _____

10.9 Recyclons ! les phrases de condition

Il y a des athlètes qui ont des regrets et d'autres qui ont de l'espoir ! Voici ce qu'ils disent des jeux. Mettez les verbes au temps qui convient.

1. Si je n'étais pas tombée, je / j' (gagner) _____ la médaille d'or !

2. Nous continuons comme ça, nous (avoir) _____ la possibilité de gagner.

3. Si tu (se ralentir) _____ un peu, tu profiteras plus de cette expérience !

4. Si elle voulait vraiment parler à la presse, elle (descendre) _____ de sa chambre.

5. Si mon équipe n'avait pas reçu une bourse, nous (ne... pas / pouvoir) _____ acheter notre équipement.

10.10 Recyclons ! le passé composé, l'imparfait, le plus-que-parfait

*Voici le reportage d'un journaliste qui décrit l'ambiance avant le commencement d'une compétition de ski. Un jour plus tard, vous écrivez un article sur cette compétition que l'équipe a gagnée. Réécrivez le paragraphe au passé. Mettez les verbes au **passé composé**, à l'**imparfait** ou au **plus-que-parfait**.*

« Aujourd'hui, il fait beau. Le ciel est bleu et les skieurs sont prêts à commencer la compétition. Il a neigé hier soir, alors les pistes sont en bonne condition. L'entraîneur de l'équipe française affirme que tous les skieurs sont en bonne santé. Ils ont tous bien dormi hier soir et ils attendent patiemment le début de la compétition. Ils veulent gagner une médaille aujourd'hui ».

Hier, _____

_____

_____

_____

_____

_____

_____

_____

_____

_____

_____

_____

_____

10.11 Culture : quiz culturel

Que savez-vous déjà ? Répondez aux questions suivantes.

1. La capitale de la province de Québec est. . . ?
   a. Québec   b. Montréal   c. Ottawa   d. Gaspé

2. Le premier explorateur français à parcourir le Québec était. . . ?
   a. Samuel de Champlain   b. Jacques Cartier
   c. Paul de Comedey   d. Louis XIV

3. La bataille entre les Français et les Anglais sur les Plaines d'Abraham a eu lieu en. . . ?
   a. 1980 et 1995   b. 1960   c. 1838   d. 1759

4. La Révolution tranquille était. . . ?
   a. une guerre sanglante
   b. un mouvement artistique
   c. une renaissance culturelle et politique
   d. une pièce de théâtre

5. Lequel n'est pas un sport d'hiver ?
   a. le ski de fond
   b. la planche à voile
   c. le patinage
   d. la raquette de neige

6. Lequel n'est pas un symptôme typique de la grippe ?
   a. de la fièvre
   b. une toux
   c. un mal de tête
   d. mal à la cheville

7. Pour diminuer les symptômes d'une allergie, il faut. . . ?
   a. un plâtre
   b. un comprimé
   c. des béquilles
   d. être hospitalisé(e)

8. Combien de nations autochtones existaient au Québec avant l'arrivée des Européens ?
   a. dix
   b. onze
   c. trois
   d. vingt

9. Laquelle de ces industries n'était pas une industrie principale au Québec aux 16ème et 17ème siècles ?
   a. la traite de la fourrure
   b. le commerce du sirop d'érable
   c. la pêche
   d. la chasse à baleine

10. Dans quelle autre province canadienne trouve-t-on un grand nombre de francophones ?
    a. l'Ontario
    b. le Nouveau-Brunswick
    c. la Colombie britannique
    d. les réponses (a) et (b) sont valables

11. Qu'est-ce que Pierre de Coubertin a fait ?
    a. Il a fondé la ville de Montréal
    b. Il a écrit le premier grand roman québécois
    c. Il a rénové les jeux Olympiques
    d. Il a gagné une médaille d'or aux jeux Olympiques

12. Pour montrer votre tristesse, vous pouvez dire. . . ?
    a. Je suis ravi(e)
    b. Quel cauchemar
    c. Tout va à merveille
    d. J'ai le cafard

13. Quand vous avez peur, vous pouvez dire. . . ?
    a. C'est formidable
    b. Je suis en colère
    c. C'est choquant
    d. J'ai le trac

14. Quelles sont les langues officielles du Canada ?
    a. le français et l'anglais
    b. l'anglais et les langues autochtones
    c. le français et les langues autochtones
    d. le canadien et le québécois

15. Si on veut dire qu'on va visiter la ville de Québec, on dit. . . ?
    a. je vais au Québec
    b. je vais à Québec
    c. je pars du Québec
    d. je pars de Québec

10.12 Culture : comparaisons

Le sport le plus populaire au Québec est le hockey sur glace. Quels autres sports y sont populaires ? Quel est le rapport entre les sports et la culture d'une région ou son environnement ? Quel est le sport national américain ? Y a-t-il un sport plus populaire dans votre région ? Faites l'analyse des sports québécois, des sports américains et des sports de votre région.

10.13 Littérature : suite

Les Aurores montréales de Monique Proulx

Imaginez une suite à cette conversation entre Martine et Fabienne dans laquelle Martine pose beaucoup de questions sur des amis qui habitent Val-Bélair. Fabienne raconte ce que sa voisine bavarde lui a dit récemment de chaque personne. Imaginez un petit dialogue entre les deux personnages.

_____

_____

_____

_____

_____

_____

_____

_____

_____

_____

_____

_____

_____

_____

_____

_____

_____

_____

_____

_____

_____

_____

_____

■ Activités audiovisuelles

10.14 Avant de regarder : que savez-vous déjà ?

(a) *Que savez-vous déjà du Québec et du Canada ? Avant de regarder la vidéo, répondez aux questions suivantes.*

1. Où se trouve la province de Québec au Canada ? Quelle est sa capitale ? Quelles sont ses autres villes principales ?

   _____

2. Quelle est la capitale du Canada ? Quelles sont les langues officielles du Canada ?

   _____

3. Quelles autres provinces canadiennes connaissez-vous ? Lesquelles sont des provinces dites francophones ?

   _____

4. Quand a eu lieu la guerre entre les Anglais et les Français pour la terre qui est aujourd'hui le Québec ? Qui habitait cette terre avant l'arrivée des Européens ?

   _____

5. Que savez-vous de l'histoire du mouvement séparatiste au Québec ? Qu'est-ce que c'est que la Révolution tranquille ?

   _____

   _____

6. Comment est le climat québécois ? Quels sports y sont populaires à cause de ce climat ?

   _____

   _____

(b) *Connaissez-vous les mots suivants ? Lisez les paragraphes suivants et essayez de comprendre le sens des mots en caractères gras (que vous allez entendre dans l'interview). Ensuite, terminez les phrases logiquement.*

1. Dans un musée de **beaux-arts** on peut voir des sculptures et des peintures. Mais, les **beaux-arts** ne sont pas seulement les arts plastiques, ils sont aussi les arts du spectacle, du théâtre et du cinéma. Parmi les **beaux-arts**, je préfère _____.

2. Au Québec, on va à l'école primaire et l'école secondaire, et puis on fait ce qu'on appelle « le **Cégep** ». C'est une étape intermédiaire entre l'école secondaire et l'université. Alors, quand on va au **Cégep** au Québec on a approximativement _____ ans.

3. Le Québec est une région traditionnellement catholique. Les bons catholiques vont à la **messe** tous les dimanches, normalement au matin, pour écouter le prêtre et faire des prières. La **messe** a lieu dans _____.

4. Une **devise**, c'est une expression très connue qui devient comme un symbole d'un peuple, d'une compagnie ou d'une école. La **devise** des Québécois, c'est « Je me souviens ». La **devise** de Nike, c'est « Just do it ». Une devise que j'aime, c'est _____.

10.15 Vidéo : profil personnel

Regardez l'interview du Chapitre 10 de votre vidéo « Points de vue » et puis remplissez les blancs du profil personnel en fournissant les détails sur l'intervenant que vous y rencontrez.

PRÉNOM :   Sinbad

PAYS D'ORIGINE :   _____

VILLE D'ORIGINE :   _____

RÉSIDENCE ACTUELLE :   _____

LANGUES PARLÉES :   _____

ÉTUDES :   _____

PROFESSION :   _____

CARACTÉRISTIQUES PHYSIQUES : _____

                           _____

CARACTÈRE :   _____

SPORTS ET LOISIRS :   _____

10.16 Vidéo : compréhension

Après avoir regardé le Chapitre 10 de la vidéo, répondez aux questions suivantes en cochant tout ce qui est vrai.

1. Quand Sinbad décrit le Vieux-Québec, il parle. . . ?

   _____ des portes et des fortifications   _____ de l'histoire

   _____ des spectacles   _____ des touristes

   _____ des monuments   _____ des restaurants

2. En parlant de ses études, Sinbad mentionne. . . ?

   _____ les beaux-arts   _____ le cinéma

   _____ la philosophie   _____ l'histoire

   _____ les maths   _____ les médias

3. En parlant des films de Pierre Falardeau, Sinbad dit que. . . ?

   _____ Falardeau s'intéresse aux efforts de souveraineté

   _____ les films de Falardeau racontent l'histoire des séparatistes

   _____ Falardeau est un bon réalisateur

   _____ les films de Falardeau sont drôles

   _____ il faut être séparatiste pour aimer ses films

4. En parlant de ce qui lui manque, Sinbad mentionne. . . ?

   _____ la poutine   _____ la langue française

   _____ la famille   _____ les gens du Québec

   _____ l'université   _____ les expressions en français au Québec

5. En parlant des sports, Sinbad mentionne. . . ?

   _____ le hockey   _____ le ski

   _____ le football universitaire   _____ le patinage artistique

6. Quand Sinbad parle de la devise « Je me souviens », il dit que ça rappelle. . . ?

   _____ l'histoire du Québec   _____ les explorateurs français

   _____ les amérindiens   _____ les militaires français et anglais

   _____ les immigrants

7. Dans le premier clip sur « Les sports », Assata dit que l'équipe sénégalaise. . . ?

   _____ a perdu   _____ a gagné

   _____ a joué contre la France   _____ a gagné la Coupe du Monde

18. Dans le deuxième clip sur « Les sports », Thierry dit que les joueurs martiniquais. . . ?

   _____ jouent pour les équipes en France

   _____ jouent pour les équipes antillaises

   _____ ne jouent pas au basket

   _____ ne s'intéressent pas à la compétition sportive

10.17 Vidéo : structures

Le discours indirect : *Après avoir regardé la vidéo, terminez les phrases en répétant ce que Sinbad a dit au sujets suivants. Faites attention à la conjugaison des verbes au discours indirect.*

1. En parlant du Vieux-Québec, Sinbad a dit que _____

   _____

2. Sinbad expliquait que Pierre Falardeau _____

   _____

3. Sinbad a raconté que sa mère _____

   _____

4. À propos des sports au Québec, Sinbad affirme que _____

   _____

5. Sinbad dirait que le Québec _____

   _____

10.18 Vidéo : vocabulaire

Répondez aux questions suivantes d'après ce que vous avez entendu et ce que vous avez vu dans la vidéo. Attention à l'usage des articles et du partitif !

1. Sinbad parle de deux sports populaires au Québec. Quels sont ces sports ? Pourquoi sont-ils populaires ?

   _____

   _____

2. Sinbad décrit son expérience avec un tournoi internationale peewee quand il était petit. Quel sport jouaient les peewees ? Pourquoi est-ce qu'il aimait ce tournoi ?

   _____

   _____

3. Dans le premier clip sur « Les sports », Assata parle de quel sport au Sénégal ? Comment s'appelle l'équipe sénégalaise ? Pourquoi ?

   _____

   _____

4. Dans le deuxième clip sur « Les sports », Thierry parle de quels sports modernes populaires à la Martinique ?

   _____

   _____

5. Dans le dernier clip sur « Les sports », Thierry parle d'un sport traditionnel qui s'appelle « des courses de yoles ». Qu'est-ce que c'est ?

   _____

   _____

10.19 Vidéo : culture

Réfléchissez à l'interview avec Guimy et aux images de Haïti que vous avez vues dans cette vidéo. Ensuite, répondez aux questions personnelles.

1. Qu'est-ce que c'est que la poutine ? Quels en sont les ingrédients ? Peut-on acheter de la poutine aux États-Unis ? Quel plat vous manquerait si vous étiez à l'étranger pour un été ? Est-ce que ce plat a une signifiance culturelle pour vous ? Expliquez.

   _____

   _____

   _____

   _____

2. Quelles sont les trois expressions québécoises que Sinbad décrit ? Comment est-ce que ces expressions sont liées à la culture du Québec ? Y a-t-il une expression en anglais que les gens de votre région disent souvent ? Expliquez sa signification.

   _____

   _____

   _____

   _____

3. Est-ce que Sinbad est séparatiste ? Quelle est son attitude envers le mouvement séparatiste au Québec ? Expliquez.

   _____

   _____

   _____

   _____